证券业从业人员一般从业资格考试一本通

金融市场基础知识

证券业从业人员一般从业资格考试一本通编委会 编著

中国财富出版社

图书在版编目（CIP）数据

证券业从业人员一般从业资格考试一本通. 金融市场基础知识/证券业从业人员一般从业资格考试一本通编委会编著. —北京：中国财富出版社，2019.11

ISBN 978-7-5047-7045-5

Ⅰ. ①证… Ⅱ. ①证… Ⅲ. ①金融市场—资格考试—自学参考资料 Ⅳ. ①F830.91

中国版本图书馆CIP数据核字（2019）第229328号

策划编辑	郑晓雯	责任编辑	张冬梅 郑晓雯		
责任印制	梁 凡	责任校对	卓闪闪	责任发行	张红燕

出版发行	中国财富出版社		
社　　址	北京市丰台区南四环西路188号5区20楼	邮政编码	100070
电　　话	010-52227588转2098（发行部）	010-52227588转321（总编室）	
	010-52227588转100（读者服务部）	010-52227588转305（质检部）	
网　　址	http://www.cfpress.com.cn		
经　　销	新华书店		
印　　刷	广州市柒彩彩印厂		
书　　号	ISBN 978-7-5047-7045-5/F·3089		
开　　本	787mm×1092mm 1/16	版　次	2020年3月第1版
印　　张	10	印　次	2020年3月第1次印刷
字　　数	243千字	定　价	49.00元

版权所有 · 侵权必究 · 印装差错 · 负责调换

教材编写及使用说明

本套辅导教材由证券业从业人员一般从业资格考试一本通编委会根据中国证券业协会发布的《证券业从业人员一般从业资格考试大纲》结合历年考试真题的考点重点分析精心编写，旨在帮助广大考生系统全面地学习和掌握考试大纲的知识内容，以最佳状态赴考。

本套辅导教材有《证券市场基本法律法规》和《金融市场基础知识》两册，内容紧扣最新考试大纲的考点重点进行详细讲解，知识结构明确，理解难度适中，为考生应试提供更为有力的帮助。

学习模块介绍如下。

1. 通关宝典

本模块是对知识点和考点精练的文字内容，是本套辅导教材的知识内容主体。

为了让考生更直观地了解"通关宝典"中的知识点在考试中的重要性，知识点序号前会标有★来表示其重要程度。

★★★表示在考试中非常重要、出现频率很高的知识点，需要考生着重学习理解。

★★表示在考试中较为重要、出现频率较高或者考试大纲中要求掌握的知识点。

★表示在考试中一般重要、考试大纲中要求熟悉的知识点。

没有★表示在考试中出现频率较少、考试大纲仅要求了解的知识点。

部分考点视其在考试中的重要性配有试题，供考生边学边练，深入掌握知识点。

2. 模拟试卷

考生在完成主体知识的学习之后，本套辅导教材编委会根据考试大纲中的考点重点甄选试题，将其组成了一套纸质模拟试卷以考核考生对全书内容知识及解题技巧的掌握和运用程度。

本套辅导教材编委会本着严谨认真、精益求精的态度编写教材，但由于时间有限，书中难免出现错漏与不足，恳请广大读者批评指正！

目 录

第一模块 通关宝典 1

第一章 金融市场体系 1
第一节 金融市场概述 1
第二节 全球金融市场 3

第二章 中国的金融体系与多层次资本市场 7
第一节 中国的金融体系 7
第二节 中国的多层次资本市场 16

第三章 证券市场主体 21
第一节 证券发行人 21
第二节 证券投资者 22
第三节 证券中介机构 29
第四节 自律性组织 35
第五节 证券市场监管机构 39

第四章 股票 41
第一节 股票概述 41
第二节 股票发行 45
第三节 股票交易 50
第四节 股票估值 56

第五章 债券 61
第一节 债券概述 61
第二节 债券的发行 72
第三节 债券交易 77
第四节 债券估值 82

第六章 证券投资基金 87
第一节 证券投资基金概述 87
第二节 证券投资基金的运作与市场参与主体 92
第三节 基金的募集、申购、赎回与交易 94
第四节 基金的估值、费用与利润分配 96
第五节 基金的管理 99
第六节 证券投资基金的监管与信息披露 101
第七节 非公开募集证券投资基金 103

第七章 金融衍生工具 105
第一节 金融衍生工具概述 105

第二节　金融远期、期货与互换 ··· 107
　第三节　金融期权与期权类金融衍生产品 ······································· 109
　第四节　其他衍生工具简介 ·· 113

第八章　金融风险管理 ··· 115
　第一节　风险基础 ·· 115
　第二节　金融风险管理基本框架 ·· 116
　第三节　金融风险衡量方法 ·· 118

第二模块　模拟试卷 ··· 121
　证券业从业人员一般从业资格考试模拟试卷 ···································· 121
　答案解析 ··· 137

第一模块　通关宝典

第一章　金融市场体系

第一节　金融市场概述

一、金融市场的概念、功能与重要性

★考点1.金融市场的概念

金融市场是创造和交易金融资产的市场，是以金融资产为交易对象而形成的供求关系和交易机制的总和。

★考点2.金融市场的功能

（1）资金融通：首要功能，通过金融资产交易实现货币资金在供需双方间的转移。

（2）价格发现：供求双方相互作用→决定交易资产价格→引导金融资产的配置。

（3）提供流动性：金融资产交易变现或赎回的渠道和机制。

（4）风险管理：通过保险、对冲交易等方式防范和化解金融风险。

（5）降低成本：搜寻成本（显性成本→金钱，隐性成本→时间）和信息成本。

考点3.重要性

（1）促进储蓄—投资转化。

（2）优化资源配置。

（3）反映经济状态。

（4）宏观调控。

二、融资活动的基本方式

★考点1.融资方式

（1）直接融资：资金盈余单位 ——直接协议/购买有价证券→ 资金需求单位。

（2）间接融资：

资金盈余者 ——存款/购买有价证券→ 金融机构 ——贷款/贴现/购买有价证券→ 资金短缺者。

★★考点2.直接融资的方式

（1）股票市场融资：享有企业经营控制权、收益分配权和剩余索取权。

（2）债券市场融资：政府、金融机构或企业通过发行债权债务凭证获得资金融通。

[1]

（3）风险投资融资：风险投资企业让渡部分股权换取企业经营资金的融通方式。
（4）商业信用融资：企业之间进行的与商品交易相关的融通方式，如赊销、预付款。
（5）民间借贷融资：公民、法人及其他组织之间的资金融通活动。
【注意】直接融资工具：公债、国库券、公司债券、股票、抵押契约、借款合同等。

★考点3.间接融资的方式
（1）银行信用融资：银行以及其他金融机构以货币形式向客户提供资金融通。
（2）消费信用融资：个人以少量资金提前获得高额消费进行资金融通，如分期付款。
（3）租赁融资：企业以支付租金的方式取得贵重机器设备的使用权以减少购置资金。

【例1·组合】下列属于企业（公司）直接融资行为的有（　　）。（2017年）
Ⅰ.发行可转换债券
Ⅱ.发行普通股
Ⅲ.申请银行贷款
Ⅳ.发行优先股
A.Ⅰ、Ⅱ、Ⅳ　　　　　　　　　　B.Ⅱ、Ⅲ
C.Ⅰ、Ⅱ、Ⅲ、Ⅳ　　　　　　　　D.Ⅰ、Ⅲ、Ⅳ
【答案】A
【解析】间接融资是指资金供给者与资金需求者通过金融中介机构间接实现资金融通的行为，银行贷款属于间接融资。

★★考点4.直接融资与间接融资的区别

区别	直接融资	间接融资
融资特点	直接性	间接性
融资活动	分散性	集中性
融资信誉	差异性较大	差异性较小
融资方式	部分具有不可逆性（如股票）	全部具有可逆性（可返还性）
主体权力	融资者自主性相对较强	主动权在金融中介手中

【注意】判断依据：凡是债权债务关系中的一方是金融机构的融资就是间接融资。

★考点5.直接融资对金融市场的影响
（1）直接融资和间接融资比例反映了一国金融体系风险和分布情况。
（2）直接融资和间接融资比例反映了一国金融体系配置效率是否与实体经济相匹配。
（3）通过市场主体充分博弈进行交易，有利于合理引导资源配置，发挥市场筛选作用。

[2]

三、金融市场的分类

★★★考点1. 主要类型

划分标准	市场类型
期限不同	①货币市场：到期期限在一年以内，如同业拆借、商业票据等 ②资本市场：一年以上或无到期期限，如股票、中长期国债等
交易工具	债权市场（交易债务工具）和权益市场（交易权益工具）
性质不同	①一级市场：新金融资产的发行市场 ②二级市场：已发行资产的流通市场
组织方式	①交易所市场：证券、期货、期权交易所等高度组织化的市场 ②场外市场：拆借、外汇、黄金市场等无固定交易场所的市场
交割方式	①现货市场：即期交易的市场，是最普遍的交易方式 ②衍生品市场：交易衍生工具的市场，可在未来时点交割
资产种类	①证券市场：以有价证券为对象的发行和交易关系的总和 ②非证券市场：含股权投资、信托、融资租赁、外汇、黄金市场等
辐射地域	①国际金融市场：涉及多个司法辖区，含全球性和区域性金融市场 ②国内金融市场：单一司法辖区内的，含全国性和地区性金融市场

【例2·选择】下列市场中属于短期金融资产市场的是（　　）。（2017年）
A. 资本市场　　　　　　　　　B. 股票市场
C. 货币市场　　　　　　　　　D. 债券市场
【答案】C
【解析】货币市场是指以期限在一年及一年以下的金融资产为交易标的物的短期金融市场，主要为了保持金融资产的流动性。

★考点2. 有价证券的种类

（1）商品证券：商品所有权或使用权的凭证，如提货单、运货单、仓库栈单等。
（2）货币证券：取得货币索取权的有价证券，含商业证券及银行证券。
（3）资本证券：由金融投资产生的证券，如股票、债券、基金及衍生品等。

第二节　全球金融市场

一、全球金融体系

★考点1. 主要参与者

（1）金融公司：包括存款吸收机构（银行、信用社等）、中央银行及其他金融机构。
（2）非金融公司：按有经济意义的价格提供产品或非金融服务的机构实体。
（3）住户：由个人组成的小集团，也包括单独生活的个体。

（4）为住户服务的非营利性机构：提供的商品或服务是免费或无经济意义的。
（5）广义政府：在一个特定的区域内行使立法权、司法权和行政权的单位。
（6）公共部门：受政府部门控制，含广义政府、中央银行和存款吸收部门等。

考点2.国际资金流动
（1）含义：指资本跨越国界从一个国家向另一个国家的运动。
（2）方式：按资金的使用时间或交易期限不同分为国际长期和短期资金流动。

★考点3.国际长期资金流动
（1）含义：指期限 > 1年的资金的跨国流动。
（2）形式。
①国际直接投资：为获得国外企业的实际控制权，如新建企业、收购、利润再投资。
②国际间接投资：在国际证券市场上发行和交易中长期有价证券，如股票、债券等。
③国际信贷：主要包括政府信贷、国际金融机构贷款、国际银行贷款和出口信贷等。

★考点4.国际短期资金流动
（1）含义：指期限 ≤ 1年的资金的跨国流动。
（2）形式。
①贸易资金的流动：最传统的国际资金流动方式。
②套利性资金流动：利用利率差异与汇率差异进行套利活动而引起的短期资本流动。
③保值性资金流动：又称资本外逃，是为资金安全而进行资金调拨形成的资本流动。
④投机性资金流动：利用国际市场上金融资产或商品价格的波动进行高抛低吸形成的资本流动。

考点5.国际金融监管体系的主要组织
（1）巴塞尔银行监管委员会：简称"巴塞尔委员会"，成立于1974年。
（2）国际证监会组织（IOSCO）：1983年成立。
（3）国际保险监督官协会（IAIS）：是全球性保险监管组织，于1994年在瑞士成立。

二、全球金融市场类型

考点1.英国的金融市场
（1）伦敦外汇市场。
①地位：是全球最大的外汇批发市场，无固定交易场所。
②特点：以外币、非居民、金融机构批发性、外汇衍生品交易为主。
③优势：交易时段桥接美洲与亚太市场。
（2）伦敦银行间资金市场与LIBOR。
①LIBOR：伦敦银行间同业拆借利率，是全球金融业最重要的短期资金成本基准。
②地位：LIBOR是国际利率水平最重要的反应指标和金融工具定价最常用的参考利率。

（3）英国的股票市场。

①伦敦证券交易所：1773年成立，2007年收购意大利证券交易所，改为伦敦证券交易所集团。

②交易所层次：主板、另类投资、专业证券、专业基金市场及精英项目。

（4）伦敦债券市场。

①金边债券市场：英国中央政府债券。

②国际债券市场：外国发行人（主权国家政府、超主权机构等）在英国发行的债券。

③公司债券市场：以场外市场为主。

（5）伦敦黄金市场：目前全球最大的黄金现货市场。

（6）伦敦金属交易所：目前全球最大的工业金属交易市场。

（7）伦敦保险市场：目前全球第四大、欧洲第一大保险市场。

【注意1】区域内短期资金市场的重要基准指标。

①上海银行间同业拆借利率（SHIBOR）；

②香港银行间同业拆借利率（HIBOR）；

③欧元区银行间同业拆借利率（EURIBOR）；

④东京银行间同业拆借利率（TIBOR）。

【注意2】劳埃德保险市场是目前全球最重要的保险市场。

【注意3】1602年，阿姆斯特丹证券交易所在荷兰创立，是世界上第一个可以进行股票交易的证券交易所。

★考点2.美国的金融市场

（1）美国外汇市场：仅次于英国的全球第二大外汇市场。

（2）同业拆借市场：又称联邦基金市场，其无担保短期借贷利率为联邦基金利率。

（3）美国股票市场。

①美国证券交易所：全国性股票交易所、另类交易系统、经纪商—交易商内部撮合。

②纳斯达克股票市场：美国股票现货交易量最大的单体交易所。

③纽约证券交易所：指定做市商制度、场内经纪商制度、补充流动性提供商制度。

（4）美国债券市场。

①地位：美国拥有全球最大的债券市场，是全球未清偿债券余额规模最大的国家。

②类型：美国国债、联邦机构债券、市政债券、公司债券等市场。

（5）美国衍生品市场：是全球最大的衍生品市场，集中在芝加哥和纽约。

【注意】美国的金融市场监管：联邦和州双层监管及分业监管。

★考点3.中国香港的金融市场

（1）货币制度：1983年起，实行与美元挂钩的联系汇率制。

（2）金融监管：实行分业监管模式。

（3）监管机构：香港金融管理局（金管局）、证券及期货事务监察委员会（证监会）和保险业监理处（保监处）。

第二章 中国的金融体系与多层次资本市场

第一节 中国的金融体系

一、中国的金融市场

★考点1. 发展现状

（1）货币市场：始于1984年银行间同业拆借市场。
①起源：始于1984年银行间同业拆借市场的建立。
②类型：银行间同业拆借市场、短期债券市场、债券回购市场和票据贴现市场。

（2）债券市场。
①场外市场。

类型	参与者	托管与结算机构
银行间市场	机构→批发市场	中央国债登记结算有限责任公司
银行柜台市场	个人→零售市场	一级托管→中央国债登记结算有限责任公司 二级托管→商业银行

②场内市场。

类型	托管与结算机构
上海证券交易所	中国证券登记结算有限责任公司上海分公司
深圳证券交易所	中国证券登记结算有限责任公司深圳分公司

③债券种类。

类型	发行基础	种类
利率债	政府信用	国债、央行票据、金融债和政府支持机构发行的债券
信用债	商业信用	中期票据、短期融资券、企业债、公司债等

（3）股票市场。

类型	主要市场
场外市场	区域性股权交易市场、交易柜台市场
场内市场	沪深主板市场、创业板市场、全国中小企业股份转让系统（新三板）

[7]

（4）外汇市场：在岸（CNY）与离岸（CNH）市场。
①交易方式：竞价和询价，询价交易占主导地位。
②交易工具：即期、远期、掉期等。
（5）黄金市场。
①主体：上海黄金交易所黄金现货。
②组成：上海期货交易所黄金期货及商业银行柜台黄金产品。
③特点：市场架构比较完整、参与主体类型多样、与实体经济和黄金产业密切关联、投资与风险分散功能进一步得到发挥。
（6）商品期货市场。
①起源：1990年10月，我国第一家商品期货交易所——郑州商品交易所成立。
②组成：上海期货交易所、大连商品交易所和郑州商品交易所。
（7）金融衍生品市场。
①起源。
a.2005年5月，银行间市场推出债券远期交易产品——首个场外人民币利率衍生品。
b.2006年9月，中国金融期货交易所（以下简称"中国金融期交所"）成立，是我国首家金融衍生品交易所。
②发展。
a.2010年4月，中国金融期交所推出沪深300股指期货合约，进入稳步发展阶段。
b.2015年2月，我国首个场内金融期权——上证50ETF期权，在上交所正式上市。
③品种。

分类	内容
利率类	场内国债期货、场外利率远期、利率互换产品
权益类	①股票期权：上证50ETF（唯一的品种） ②股指期货：沪深300指数、上证50指数、中证500指数 ③认股权证
货币类	人民币外汇期权和期权组合、外汇远期、外汇掉期和货币掉期
信用类	信用风险缓释合约、信用风险缓释凭证、信用违约互换、信用联结票据

考点2.影响我国金融市场运行的主要因素

（1）经济因素：最重要，包括经济增长、周期波动、经济政策、国际经济环境等。
（2）法律因素：法律制度的完善与否、执法效率的高低等。
（3）市场因素：国内和国际统一组织、交易品种丰富、市场交易机制或市场模式。
（4）技术因素：信息技术、金融科技的发展。
（5）心理因素：投资者的心理预期。
（6）体制或管理因素：行业规划、政策引导、市场监管、信息披露、进入及退出机制。
（7）其他因素：文化因素、人口因素等。

二、中国的金融中介机构体系

考点1.金融中介机构的分类

划分标准	分类
业务特征	银行和非银行金融中介机构
政策性质	商业性、政策性金融机构
业务性质	融资类、投资类、保障类和服务类金融中介机构

考点2.金融中介机构体系

（1）银行机构体系：以中央银行为主导、国有商业银行为主体。
（2）投资中介体系：以证券、期货和基金为主，各投资咨询、信托机构为辅。
（3）保险中介体系：人寿、财产及再保险等公司，提供保险服务的中介等。

★考点3.证券公司的业务

（1）证券经纪、投资咨询、承销与保荐、自营、资产管理等业务。
（2）与证券交易、证券、投资活动有关的财务顾问业务，融资融券业务。
（3）私募投资基金业务和另类投资业务等。

★考点4.保险公司的业务

保险公司	业务分类	
财产保险公司	基础类业务	机动车、家庭财产、责任、货运、意外伤害保险
	拓展类业务	农业、信用保证、投资型、特殊风险保险
人身保险公司	基础类业务	普通型、健康、意外伤害、分红型、万能型保险
	拓展类业务	投资连结型保险、变额年金

★考点5.商业银行的业务

业务类型	主要内容
负债业务	①自有资金：股本金、储备资本及未分配利润 ②存款负债：经营资金的主要来源，最重要的负债业务 ③借款负债：向央行借款、同业借款、回购协议、国外市场借款等
资产业务	①现金资产：库存现金、存款准备金、存放同业存款和托收中的现金 ②贷款业务：将资金按一定利率贷给客户并约定归还期限的业务 ③票据贴现：以未到期票据向商业银行兑取现金并扣除贴现利息 ④投资业务：在金融市场上买卖各种证券资产的业务活动
表外业务	①担保承诺类：银行承兑汇票、保函、信用证、贷款承诺等 ②代理投融资服务类：委托贷款、代客交易、代理发行和承销债券等 ③中介服务类：代理收付、财务顾问、资产托管、保管业务等

[9]

★考点6.我国金融市场的监管体制（一委一行两会）
（1）国务院金融稳定发展委员会。
①职责：与金融有关的决策部署、重大规划、风险防范，统筹金融改革发展与监管。
②关注：影子银行、资产管理行业、互联网金融、金融控股公司。
（2）中国人民银行。
①拟定金融业改革、开放和发展规划，承担综合研究并协调解决金融运行中的重大问题、促进金融业协调健康发展的责任。牵头国家金融安全工作协调机制，维护国家金融安全。
②牵头建立宏观审慎管理框架，拟订金融业重大法律法规和其他有关法律法规草案，制定审慎监管基本制度，建立健全金融消费者保护基本制度。
③制定和执行货币政策、信贷政策，完善货币政策调控体系，负责宏观审慎管理。
④牵头负责系统性金融风险防范和应急处置，负责金融控股公司等金融集团和系统重要性金融机构基本规则制定、监测分析和并表监管，视情责成有关监管部门采取相应监管措施，并在必要时经国务院批准对金融机构进行检查监督，牵头组织制定实施系统重要性金融机构恢复和处置计划。
⑤承担最后贷款人责任，负责对因化解金融风险而使用中央银行资金机构的行为进行检查监督。
⑥监督管理银行间债券市场、货币市场、外汇市场、票据市场、黄金市场及上述市场有关场外衍生产品；牵头负责跨市场跨业态跨区域金融风险识别、预警和处置，负责交叉性金融业务的监测评估，会同有关部门制定统一的资产管理产品和公司信用类债券市场及其衍生产品市场基本规则。
⑦负责制定和实施人民币汇率政策，推动人民币跨境使用和国际使用、维护国际收支平衡，实施外汇管理，负责国际国内金融市场跟踪监测和风险预警，监测和管理跨境资本流动，持有、管理和经营国家外汇储备和黄金储备。
⑧牵头负责重要金融基础设施建设规划并统筹实施监管，推进金融基础设施改革与互联互通，统筹互联网金融监管工作。
⑨统筹金融业综合统计，牵头制定统一的金融业综合统计基础标准和工作机制，建设国家金融基础数据库，履行金融统计调查相关工作职责。
⑩组织制定金融业信息化发展规划，负责金融标准化组织管理协调和金融科技相关工作，指导金融业网络安全和信息化工作。
⑪发行人民币，管理人民币流通。
⑫统筹国家支付体系建设并实施监督管理。会同有关部门制定支付结算业务规则，负责全国支付、清算系统的安全稳定高效运行。
⑬经理国库。
⑭承担全国反洗钱和反恐怖融资工作的组织协调和监督管理责任，负责涉嫌洗钱及恐怖活动的资金监测。
⑮管理征信业，推动建立社会信用体系。
⑯参与和中国人民银行业务有关的全球经济金融治理，开展国际金融合作。
⑰按照有关规定从事金融业务活动。

⑱管理国家外汇管理局。
⑲完成党中央、国务院交办的其他任务。
（3）中国银行保险监督管理委员会（以下简称"中国银保监会"）。
①监督管理：银行业和保险业。
②维护运行：保护金融消费者合法权益、维护金融稳定、防范和化解金融风险。
（4）中国证券监督管理委员会（以下简称"中国证监会"）。
①制定：证券期货市场法律法规、有关规章，查处证券期货违法违规行为。
②监管：证券期货市场、证券期货业务、上市公司、交易所、经营机构、从业人员等。

三、中央银行与货币政策

★考点1.中央银行的主要职能

职能	主要内容
发行的银行	垄断货币发行权、调节货币供应量、保证货币流通正常稳定
银行的银行	对商业银行提供：集中存款准备金、作为最后贷款人、组织全国清算
政府的银行	对政府提供信贷，代理国库收支、国债发行，监管金融业，经管外汇、黄金储备，参加国际金融组织活动

考点2.中央银行的业务（资产负债表）

资产业务	负债业务
①国外资产 a.外汇 b.黄金 c.其他外国资产 ②对政府债权 ③对其他存款性公司债权 ④对其他金融性公司债权 ⑤对非金融性部门债权 ⑥其他资产	①储备货币 a.货币发行 b.其他存款性公司存款 ②不计入储备货币的金融性公司存款 ③发行债券 ④国外负债 ⑤政府存款 ⑥自有资金 ⑦其他负债

考点3.存款准备金制度与货币乘数
（1）存款准备金制度：指存款性金融机构须按存款的一定比例向央行缴纳准备金。
（2）货币乘数：商业银行可以根据基础货币，创造出倍数的货币供给额。
①基础货币：包括社会流通中的现金和银行体系中作为准备金的存款。
②乘数公式：$m=\dfrac{1}{r}$，其中 m 为货币乘数，r 为法定存款准备金率。

★★考点4.货币政策

（1）概念：指央行利用相关工具调控货币供给量或信贷规模的政策总称。
（2）体系：货币政策目标体系、货币政策工具体系和货币政策操作程序。
（3）目标。

类型	内容
最终目标	①物价稳定；②充分就业；③经济增长；④国际收支平衡；⑤金融稳定
中介目标	①银行信贷规模；②货币供应量；③长期利率

【注意】中介目标选取标准：可测性、可控性、相关性、抗干扰性和适应性。

【例1·组合】货币政策目标一般包括（　　）。（2018年）
Ⅰ.国际收支平衡
Ⅱ.充分就业
Ⅲ.物价稳定
Ⅳ.经济增长
A.Ⅰ、Ⅱ、Ⅳ	B.Ⅰ、Ⅲ
C.Ⅱ、Ⅲ、Ⅳ	D.Ⅰ、Ⅱ、Ⅲ、Ⅳ
【答案】D
【解析】当代各国的货币政策目标大致可概括为五项：物价稳定、充分就业、经济增长、国际收支平衡和金融稳定。

★考点5.货币政策工具

工具类型	内容
一般性工具	存款准备金制度、再贴现政策、公开市场业务
选择性工具	消费者信用控制、证券市场信用控制、不动产信用控制
直接信用控制	利率最高限额、信用分配、流动性比率、直接干预、开办特种存款
间接信用控制	窗口指导、道义劝告
创新型工具	短期流动性调节工具（SLO）、常备借贷便利（SLF）、中期借贷便利（MLF）、临时流动性便利（TLF）、抵押补充贷款（PSL）、临时准备金动用安排（CRA）、定向中期借贷便利（TMLF）

考点6.货币政策的传导机制
（1）利率传导机制：以利率为渠道，是凯恩斯主义学派的核心观点。
基本思路：货币供应↑→实际利率↓→投资↑→总产出↑。
（2）信用传导机制：由伯南克提出。
①银行信贷渠道。
货币供应↑→银行存款和贷款↑→投资↑→总产出↑。

②资产负债渠道。

货币供应↑→股价↑→净值↑→逆向选择和道德风险↓→贷款↑→投资↑→总产出↑。

（3）资产价格传导机制：由货币学派托宾Q理论与莫迪利安尼生命周期理论提出。

①托宾Q理论。

货币供应↑→股价↑→托宾Q值↑→投资↑→总产出↑。

②莫迪利安尼生命周期理论。

货币供应↑→股价↑→金融资产价值↑→财务困难的可能性↓→耐用消费品和住宅支出↑→总产出↑。

（4）汇率传导机制：开放经济条件下，汇率是货币政策传导的重要渠道之一。

货币供应↑→实际利率↓→汇率↓→净出口↑→总产出↑。

四、我国金融业对外开放的新趋势

考点1. 我国金融业进一步对外开放的背景

（1）金融业对外开放是我国加入WTO的承诺。

（2）扩大金融业对外开放是实现高质量发展的内在要求，有利于构建多元化的金融体系，推动金融供给侧结构性改革。

（3）金融业对外开放是中国深度融入全球经济的必然选择。

（4）我国金融业已经具备开放的有利条件。

①我国已经成为全球重要的银行、保险和资本市场，具有较强的综合实力。

②我国的金融监管能力和监管水平在不断提升。

③我国采取了一系列保护投资者的举措，强化对中介机构的适当性要求、加强投资者教育。

考点2. 2017年以来金融业对外开放的主要政策措施

对象与日期		政策措施
2017年	1月	国务院发布《关于扩大对外开放积极利用外资若干措施的通知》
	8月	国务院发布《关于促进外资增长若干措施的通知》
	10月	党的十九大报告提出放宽市场准入限制
	11月	财务部副部长在新闻发布会上宣布： ①外国投资者投资证券、基金管理、期货公司的投资比例放宽至51%，实施三年后，投资比例不受限制 ②取消对中资银行和金融资产管理公司的持股比例限制 ③三年后将外国投资者投资的公司的投资比例放宽至51%，实施五年后，投资比例不受限制

续表

对象与日期		政策措施
2018年博鳌亚洲论坛	4月	大幅度放宽包括金融业在内的市场准入,主要有"**三大原则**"和"**十二大措施**"
2018年中国银保监会	4月	**《银保监会加快落实银行业和保险业对外开放举措》**推出四方面15条开放措施: ①推动外资投资便利化,取消持股比例限制,引进境外专业投资者 ②放宽外资设立机构条件,允许外国银行在中国境内同时设有子行和分行 ③扩大外资机构业务范围,取消外资银行申请人民币业务需满足开业1年的等待期要求,允许外国银行分行从事"代理发行、代理兑付、承销政府债券",降低外国银行分行吸收单笔人民币定期零售存款的门槛至50万元 ④优化外资机构监管规则
2019年中国银保监会	5月	中国银保监会发布金融开放"**新12条**"对外开放举措
2019年中国证监会	6月	中国证监会主席在"第十一届陆家嘴论坛"上表示:中国证监会将推出9项对外开放举措
2019年国务院金融稳定发展委员会	7月	国务院金融稳定发展委员会推出11条金融业对外开放措施

考点3. 银行业对外开放的新实践

日期	措施
2017年11月	财政部负责人表示将取消对中资银行的外资单一持股及合计持股比例限制
2018年2月	原中国银监会修订《中国银监会外资银行行政许可事项实施办法》,对外资银行开办代客境外理财业务、代客境外理财托管业务、证券投资基金托管业务、被清算的外资金融机构提取生息资产四项业务实行报告制
2018年4月	中国银保监会发布《关于进一步放宽外资银行市场准入相关事项的通知》,加快落实放开外资银行开展人民币业务、衍生品交易业务等对外开放举措
2018年4月27日	**中国银保监会**发布加快落实银行业和保险业对外开放举措,推出**四方面15条开放措施**,包括取消中资银行和金融资产管理公司的外资持股比例限制,允许外国银行在我国境内设立分行和子行等
2018年8月23日	中国银保监会发布《中国银行保险监督管理委员会关于废止和修改部分规章的决定》,取消中资银行和金融资产管理公司外资持股比例限制,实施内外资一致的股权投资比例规则

考点4. 证券业对外开放的新实践

日期	措施
2013年8月	内地与香港、澳门分别签署《内地与香港关于建立更紧密经贸关系的安排》（简称"CEPA"），允许内地证券公司、证券投资咨询机构对港澳地区进一步开放
2018年4月28日	中国证监会正式发布《外商投资证券公司管理办法》。办法修订内容主要涉及五个方面： ①允许外资控股合资证券公司 ②逐步放开合资证券公司业务范围 ③统一外资持有上市和非上市两类证券公司股权的比例 ④完善境外股东条件 ⑤明确境内股东的实际控制人身份变更导致内资证券公司性质变更相关政策
2017年6月	汇丰前海证券的外资股比例已经达到51%，是中国境内首家由境外股东控股的证券公司
2019年3月13日	中国证监会核准设立了摩根大通证券中国有限公司、野村东方国际证券有限公司两家合资控股券商
2019年6月	中国证监会已批设3家外资控股证券公司

考点5. 保险业对外开放的新实践

日期	措施
2017年11月	我国就宣布将通过3年和5年过渡期，逐步放开外资人身险公司外方股东持股比例限制，进一步加大保险业对外开放力度
2018年	博鳌亚洲论坛明确了进一步加大保险业对外开放的具体措施和时间表
2018年4月27日	上海保监局对英国韦莱集团控股的韦莱保险经纪公司变更经营范围的申请进行审批，韦莱保险经纪公司成为全国首家获准扩大经营范围的外资保险经纪机构
2018年5月2日	中国银保监会批复同意工银安盛人寿公司发展筹建工银安盛资产管理公司，这是我国扩大保险业对外开放后获批的第一家合资保险资产管理公司
2018年5月4日	香港富卫人寿保险（百慕大）公司等准备在上海成立的富卫人寿保险公司性质为合资寿险公司
2018年11月25日	中国银保监会批准德国安联保险集团筹建安联（中国）保险控股有限公司，安联（中国）保险控股有限公司成为首家外资控股保险公司
2018年11月26日	法国安盛集团正式签署协议收购安盛天平剩余的50%股权，如果达成交易，法国安盛集团将全资控股安盛天平
2019年	中国银保监会又批准3项市场准入和经营地域拓展申请

考点6.资本市场对外开放的新实践

（1）资本市场<u>互联互通机制</u>逐步建立健全。
（2）境外机构投资者持续增加对中国资本市场的配置。
（3）以<u>人民币计价</u>的资产越来越多地被纳入国际指数。
（4）不断放开征信、评级、支付等资本市场基础设施领域的准入限制。
（5）<u>期货</u>品种对外开放迈出实质性步伐。

第二节　中国的多层次资本市场

一、多层次资本市场概述

考点1.资本市场

（1）含义：指长期金融市场，为<u>一年以上</u>融资产品提供发行和交易服务的市场。
（2）类型：<u>股票</u>、<u>债券</u>及其衍生品市场、<u>中长期</u>资金借贷品市场。

考点2.资本市场的分类

划分标准	主要市场
交易品种	股票市场、债券市场、衍生品市场、基金市场
市场功能	<u>发行</u>市场、<u>交易</u>市场
组织形式	<u>场内</u>交易市场、<u>场外</u>交易市场
覆盖范围	全球性市场、全国性市场、区域性市场等类型
募集方式	<u>公募</u>市场、<u>私募</u>市场

考点3.场内市场

（1）定义：指证券<u>交易所</u>市场，是高度组织化、<u>集中</u>进行证券交易的市场。
（2）类型：<u>主板</u>市场（宏观经济晴雨表）、<u>科创板</u>市场、<u>创业板</u>市场、全国<u>中小企业</u>股份转让系统。

★★考点4.场外市场

（1）定义：<u>没有集中</u>的交易场所和市场制度，又称店头或柜台市场。
（2）特征：
①<u>监管宽松</u>：挂牌标准和信息披露<u>要求较低</u>，市场透明度不及交易所。
②交易形式：以<u>一对一</u>交易、私募产品为主，通常采用<u>做市商</u>制度。
（3）功能：拓宽融资渠道、为非上市证券提供流通场所、金融资产管理渠道。
（4）类型：<u>区域性股权</u>市场、<u>券商柜台</u>市场、<u>私募产品报价</u>系统、<u>私募基金</u>市场。

【例1·选择】以下对于场外交易市场的说法，错误的是（　　）。（2017年）
A.风险较高，监管较严　　　　B.挂牌标准相对较低
C.通常采用做市商制度　　　　D.市场透明度不及交易所市场
【答案】A
【解析】场外交易市场是相对于交易所市场而言的，是在证券交易所之外进行证券买卖的市场，通常是指柜台市场（店头市场）以及第三市场、第四市场。场外交易市场有如下特征：①挂牌标准相对较低，通常不对企业规模和盈利情况等作要求；②信息披露要求较低，监管较为宽松；③交易制度通常采用做市商制度。

考点5.全国中小企业股份转让系统的概念和特点

（1）概念：又称为"新三板"，是经国务院批准设立的全国性的证券交易场所，成立于2012年9月20日，主要为创新型、创业型、成长型中小微企业发展服务。

（2）特点：股票转让采用无纸化、公开转让形式，或经中国证监会批准的其他转让形式。可以采用协议方式、做市方式、竞价方式或其他中国证监会批准的转让形式。

考点6.多层次资本市场的意义

（1）调动民间资本的积极性，将储蓄转化为投资，提升服务实体经济的能力。

（2）创新宏观调控机制，提高直接融资比重，防范和化解经济金融风险。

（3）促进科技创新，促进新兴产业发展和经济转型。

（4）促进产业整合，缓解产能过剩。

（5）满足日益增长的社会财富管理需求，改善民生，促进社会和谐。

（6）提高我国经济金融的国际竞争力。

二、构建多层次资本市场的新尝试——科创板

考点1.我国设立科创板并试点注册制的政策背景

（1）科创板的提出及定位。

①提出：2018年11月5日，国家主席习近平宣布，将在上海证券交易所设立科创板并试点注册制。

②定位：主要服务于符合国家战略、突破关键核心技术、市场认可度高的科技创新企业。

（2）注册制提出的政策和法律背景：2018年2月，全国人大常委会审议通过，将注册制相关授权延长两年至2020年2月29日，这意味着设立科创版并试点注册制已经获得相应的政策支持及法律授权。

（3）2019年1月30日，经党中央、国务院同意，中国证监会公布《关于在上海证券交易所设立科创板并试点注册制的实施意见》（简称《实施意见》），标志着我国证券市场开始从设立科创板入手，稳步试点注册制，逐步探索符合我国国情的证券发行注册制。

[17]

★★考点2.科创板重点服务的企业类型和行业领域

上海证券交易所在《上海证券交易所科创板企业上市推荐指引》中指出，根据科创板定位，保荐机构优先推荐三类企业和六大领域的科技创新企业上市。

(1) 三类企业。

①符合国家战略、突破关键核心技术、市场认可度高的科技创新企业。

②属于新一代信息技术、高端装备、新材料、新能源、节能环保以及生物医药等高新技术产业和战略性新兴产业的科技创新企业。

③互联网、大数据、云计算、人工智能和制造业深度融合的科技创新企业。

(2) 六大领域。

①新一代信息技术领域。

②高端装备领域。

③新材料领域。

④新能源领域。

⑤节能环保领域。

⑥生物医药领域。

考点3.科创板的制度规则体系

科创板的制度规则体系可以总结为"1+2+6+N"。

(1) "1"是指《实施意见》。

(2) "2"是指中国证监会发布的《科创板首次公开发行股票注册管理办法（试行）》和《科创板上市公司持续监管办法（试行）》。

(3) "6"是指上海证券交易所发布的6项主要业务规则。

(4) "N"是指由上海证券交易所、中国证券业协会等机构发布的其他一整套业务指引、规范和管理细则。

★★★考点4.科创板的上市条件及上市指标

(1) 上市条件。

①符合中国证监会规定的发行条件。

②发行后股本总额不低于3 000万元。

③首次公开发行的股份达到公司股份总数的25%以上；公司总股本超过4亿元的，首次公开发行股份的比例为10%以上。

④市值及财务指标满足规定的标准。

⑤上海证券交易所规定的其他上市条件。

(2) 上市指标。

市值	净利润/营业收入
预计市值≥10亿元	最近两年净利润均为正且累计净利润不低于5 000万元；或最近一年净利润为正且营业收入不低于1亿元

续表

市值	净利润/营业收入
预计市值≥15亿元	最近一年营业收入不低于2亿元，且最近三年研发投入合计占最近三年营业收入的比例不低于15%
预计市值≥20亿元	最近一年营业收入不低于3亿元，且最近三年经营活动产生的现金流量净额累计不低于1亿元
预计市值≥30亿元	最近一年营业收入不低于3亿元
预计市值≥40亿元	①主要业务或产品须经国家有关部门批准，市场空间大，目前已取得阶段性成果 ②医药行业企业须至少有一项核心产品获准开展二期临床试验 ③其他符合科创板定位的企业须具备明显的技术优势并满足相应条件

★★★考点5.科创板制度设计的创新点

（1）上市标准多元化。

（2）发行审核注册制。

（3）发行定价市场化。

（4）交易机制差异化。

（5）持续监管更具针对性。

①更有针对性的信息披露制度。

②更加合理的股份减持制度。

③更加规范的差异化表决权制度。

④更加严格的保荐机构持续监督职责。

⑤更加灵活的股权激励制度。

（6）退市制度从严化。

①退市的标准更加多元客观，减少可调节、可粉饰的空间。

②退市的程序更加紧凑，具有可预期性。

第三章 证券市场主体

第一节 证券发行人

一、证券市场融资活动

考点1. 概念
（1）含义：指资金盈余和赤字单位之间以<u>有价证券</u>为媒介实现的资金融通。
（2）方式：<u>股票</u>融资、<u>债券</u>融资、<u>投资基金</u>融资等。

考点2. 特征
（1）融资主体：资金盈缺双方形成<u>直接</u>的权利和义务关系，无其他主体介入。
（2）融资性质：<u>强市场性</u>，由公开自由竞价买卖实现。
（3）融资特征：由证券<u>中介</u>服务体系支持完成。

二、证券发行人

★考点1. 概念
（1）含义：指为筹措资金而发行债券、股票等证券的发行主体。
（2）分类：<u>政府</u>及其机构、<u>企业</u>（公司）和<u>金融机构</u>（发行金融债券）。

考点2. 政府及其机构的融资方式

发行主体	证券品种
政府	中央政府债券（无风险证券）
中央银行	中央银行股票、中央银行票据

考点3. 企业（公司）直接融资的特点
（1）组织形式：<u>独资</u>制、<u>合伙</u>制和<u>公司</u>制。
（2）公司形式：<u>股份</u>有限公司和<u>有限</u>责任公司。

方式	所筹资金	筹资目的
股票融资	属于<u>自有</u>资本	筹措<u>长期</u>资本
债券融资	属于<u>借入</u>资本	长期债券→筹措长期资本；短期债券→补充流动资金

【注意】只有<u>股份有限</u>公司才能发行股票。

★考点4. 上市公司融资的途径
（1）上市公司：指其股票在证券交易所上市交易的股份有限公司。
（2）融资形式。
①首次融资：指首次公开发行股票（IPO）。
②再融资：上市公司为达到增加资本和募集资金目的而再发行股票或可转债的行为。

形式	发行主体	融资途径
首次融资	拟上市公司	首次面向不特定的社会公众公开发行股票募集资金并上市
再融资	上市公司	①配股→向原股东配售；②发行可转换公司债券；③增发→公开发行股份；④定向增发→非公开发行

考点5. 金融债券的特点
（1）债券性质：表示银行等金融机构与债券持有者之间的债权债务关系。
（2）债券特点：一般不记名、不挂失，但可以抵押和转让。
（3）发行对象：主要为个人，利息收入可免征个人收入所得税。
（4）债券利息：不计复利，不能提前支取，延期兑付亦不计逾期利息。
（5）债券利率：利率固定，一般高于同期储蓄存款利率。
（6）资金用途：专款专用，如中国建设银行发行的投资债券是为国家大中型建设项目筹措资金。

第二节 证券投资者

一、证券市场投资者概述

考点1. 概念
证券市场投资者，是指以取得利息、股息或资本收益为目的，购买并持有有价证券，承担证券投资风险并行使证券权利的主体，也是证券市场的资金供给者。

★考点2. 特点
（1）种类较多：既有个人投资者，也有机构投资者。
（2）投资目的。
①长期投资：以获取高于银行利息的收益或意在参与股份公司的经营管理。
②短线投机：通过买卖证券时机的选择，以赚取市场差价。

考点3.证券市场投资者的分类

划分标准	分类
主体身份	①<u>机构</u>投资者；②<u>个人</u>投资者
持有时间	①<u>短</u>线投资者；②<u>中</u>线投资者；③<u>长</u>线投资者
心理因素	①<u>稳健</u>型；②<u>冒险</u>型；③<u>中庸</u>型

二、机构投资者

考点1.概念

机构投资者是指用自有资金或从分散的公众手中筹集的资金投资有价证券，以获得<u>证券投资收益</u>为主要经营目的的专业团体机构或企业。

★考点2.对金融市场的作用

（1）特点：投资资金<u>规模化</u>、投资管理<u>专业化</u>、投资结构<u>组合化</u>、投资行为<u>规范化</u>。

（2）作用：促进直接融资、健全市场运行机制、分散金融风险、实现社会保障体系与宏观经济的良性互动发展。

【例1·组合】机构投资者与个人投资者相比，具有（　　）的特点。（2018年）
Ⅰ.投资管理专业化
Ⅱ.投资结构组合化
Ⅲ.投资行为规范化
Ⅳ.投资操作频繁化
A.Ⅰ、Ⅱ、Ⅲ、Ⅳ　　　　　　　　B.Ⅰ、Ⅱ、Ⅳ
C.Ⅲ、Ⅳ　　　　　　　　　　　　D.Ⅰ、Ⅱ、Ⅲ
【答案】D
【解析】机构投资者与个人投资者相比，具有投资管理专业化、投资结构组合化、投资行为规范化的特点。

考点3.分类

划分标准	分类
政策标准	<u>一般</u>机构投资者、<u>战略</u>机构投资者
机构业务	<u>金融</u>机构投资者、<u>非金融</u>机构投资者
国家地区	<u>境内</u>机构投资者、<u>境外</u>机构投资者
组织机构	①具有从事股票交易的权利：<u>证券</u>公司、证券投资<u>基金</u>管理公司 ②股票交易操作受限制：<u>国有</u>企业、国有<u>控股</u>公司、<u>上市</u>公司 ③股票交易缺乏明确法规："<u>三资</u>"企业、<u>私营</u>企业、<u>社团</u>法人等

★考点4.主要的机构投资者

类型	主要主体
政府机构类	中央银行、国有资产管理部门（中央汇金、证金公司等）
金融机构类	证券经营机构、银行业金融机构、保险、信托、财务、金融租赁公司等
境内外机构	合格境外机构投资者（QFII）、合格境内机构投资者（QDII）
企事业法人	企业法人（配售或投资二级市场）、事业法人（用自有或预算外资金投资证券）
基金类	证券投资基金、社保基金、企业年金、社会公益基金

★★考点5.金融机构类投资者

（1）业务类型。

类型	主要机构	主要业务
证券经营机构	证券公司	证券自营、资产管理业务
银行金融机构	商业银行、信用合作社、政策性银行等	自有资金买卖债券、理财业务

（2）投资范围。

类型	投资范围
证券经营机构	股票、基金、认股权证、国债、公司或企业债券等
银行金融机构	不得从事信托投资和证券经营业务 不得向非自用不动产投资或者向非银行金融机构和企业投资
保险经营机构	债券、股票、投资基金、资产证券化产品、创业投资基金、保险私募基金

【例2·组合】下列属于银行业金融机构类的机构投资者有（　　）。（2016年）
Ⅰ.信托投资公司
Ⅱ.商业银行
Ⅲ.城市信用合作社
Ⅳ.农村信用合作社
A.Ⅰ、Ⅲ、Ⅳ　　　　　　　　B.Ⅰ、Ⅱ
C.Ⅰ、Ⅱ、Ⅲ、Ⅳ　　　　　　D.Ⅱ、Ⅲ、Ⅳ
【答案】D
【解析】银行业金融机构包括商业银行、邮政储蓄银行、城市信用合作社、农村信用合作社等吸收公众存款的金融机构以及政策性银行。

★★ 考点6.合格境外机构投资者（QFII）

（1）定义：经中国证监会及外汇管理局批准，投资于中国证券市场的<u>境外</u>机构。

（2）流程：外汇资金→当地货币→证券投资→审核收益→外汇汇出。

（3）实质：有限度引进外资、开放证券市场的过渡性制度。

（4）条件。

主要机构	经营年限	最近一个会计年度管理的证券资产规模
证券公司	>5年	>50亿美元（净资产>5亿美元）
商业银行	>10年	>50亿美元（一级资本>3亿美元）
资产管理机构	>2年	>5亿美元
保险公司		
其他机构		

（5）限制：体现渐进式原则。

限制	主要规定
投资范围	①工具：股票、债券、基金、权证、固定收益产品、股指期货等 ②申购：<u>新股</u>及<u>可转债</u>发行、股票<u>增发</u>、<u>配股</u>
投资额度	①<u>单个</u>境外机构：不得超过该公司总股份的10% ②<u>全部</u>境外机构：对单个上市公司的持股上限为30%

【例3·选择】按照我国现行有关制度规定，单个境外投资者通过合格投资者持有一家上市公司股票的，持股比例不得超过该公司股份总数的（　　）。（2017年）

A.15%　　　　　　　　　　B.5%

C.10%　　　　　　　　　　D.20%

【答案】C

【解析】合格境外机构投资者的境内股票投资，应当遵守中国证监会规定的持股比例限制和国家其他有关规定：单个境外投资者通过合格境外机构投资者持有一家上市公司股票的，持股比例不得超过该公司股份总数的10%；所有境外投资者对单个上市公司A股的持股比例总和，不超过该上市公司股份总数的30%。

★★ 考点7.合格境内机构投资者（QDII）

（1）定义：指经一国金融管理当局审批、获准直接投资境外证券市场的<u>国内</u>机构。

（2）流程：人民币资金→投资国外证券市场→资本利得、股息红利→转为本币。

（3）条件。

主要机构	经营年限	最近一个季度末资产管理规模（人民币）
基金管理公司	基金管理业务>2年	≥200亿元（净资产≥20亿元）
证券公司	集合计划业务>1年	≥20亿元（净资本≥8亿元，$\frac{净资本}{净资产}≥70\%$）

（4）投资品种的范围。

投资范围	主要品种
货币市场工具	存款、可转让存单、票据、回购协议、短期政府债券等
其他投资工具	政府、公司、可转换债券、资产支持证券、远期、互换等
签署备忘录的	股票、存托凭证、公/私募基金、权证、期权、期货等

【注意】基金、集合计划的投资限制。
①不可投资：购买不动产、房地产抵押按揭、贵重金属、实物商品。
②借入现金：除去临时用途（应付赎回、交易清算），且比例不得超过净值10%。
③限制业务：融资购买证券、卖空交易、证券承销等。

（5）投资比例的限制。

基金、集合计划	主要规定
单只	①持有同一家银行的存款：≤净值的20% ②同一机构发行证券市值：≤净值的10% ③签订备忘录以外的国家：≤净值的10%（任一国家≤3%） ④同一机构有投票权证券：≤证券发行总量的10% ⑤持有非流动性资产市值：≤净值的10% ⑥持有境外基金的总市值：≤净值的10%
全部	同一境内机构的任一境外基金≤基金总份额的20%

（6）进出境资金受到监控。

主体	期限	报送内容
托管人	投资者资金汇出入后2个工作日内	资金汇出、汇入明细情况
	每月结束后5个工作日内	上个月资金汇出、汇入等信息
合格投资者	每个会计年度结束后4个月内	上一年度境外投资情况报告

【例4·选择】国内基金管理公司通过募集基金投资国外证券的称为（　　）。（2016年）

A.QDII　　　　　　　　　　B.QFII
C.OTC　　　　　　　　　　D.FICC

【答案】A

【解析】合格境内机构投资者（QDII），是指符合《合格境内机构投资者境外证券投资管理试行办法》的规定，经中国证监会批准在中华人民共和国境内募集资金，运用所募集的部分或者全部资金以资产组合方式进行境外证券投资管理的境内基金管理公司和证券公司等证券经营机构。

★考点8.基金类投资者

（1）证券投资基金。
①含义：指通过公开发售基金份额筹集资金，以资产组合方式进行证券投资的基金。
②主体：基金管理人管理，基金托管人托管。
③投资范围：股票、债券等证券及其衍生品种。

（2）社保基金。
①层次。
a.全国性社会保障基金：国家以社会保障税等形式征收，注重安全性和流动性。
b.企业年金：企业定期向员工支付并委托基金公司管理，注重账户资产的增值。
②我国。

层次	资金来源
社会保障基金	中央财政预算拨款、国有资本划转、基金投资收益
社会保险基金	用人单位和个人缴费

③投资比例。

类型	比例限制
社会保障基金	①银行存款（≥10%）+国债投资≥50% ②同一银行的存款≤银行存款总额的50% ③企业债、金融债≤10%；投资基金、股票≤40%；境外投资≤20%
养老保险基金	①1年以内：存款、国债、货币型养老产品等≥5% ②1年以上：存款、债券、固定收益型产品等≤135% ③债券正回购的资金余额：每个交易日≤40% ④股票、混合基金、股票型养老产品：≤30% ⑤国家重大项目和重点企业股权：≤20%

（3）企业年金。
①含义：指企业及其职工自愿建立的补充养老保险基金。

②投资规定。

品种	限制
活期存款、央行票据、债券回购（正回购≤40%）、货币市场基金等	≥5%
定期存款、中期票据、国债、金融债等固定收益类产品及可转换债	≤95%
股票等权益类产品、股票基金、混合基金等	≤30%

【注意】养老基金和企业年金：不得投资权证，衍生权证应在上市交易之日起10个交易日内卖出。

（4）社会公益基金。
①含义：指将收益用于指定的社会公益事业的基金。
②种类：福利基金、科技发展基金、教育发展基金、文学奖励基金等。
③慈善组织的投资方式。

方式	主要品种
可进行	①直接购买银行、信托、证券、基金、期货、保险资产管理机构、金融资产投资公司等金融机构发行的资产管理产品 ②通过发起设立、并购、参股等方式直接进行股权投资 ③将财产委托给受金融监督管理部门监管的机构进行投资
不可进行	①直接买卖股票 ②直接购买商品及金融衍生品类产品 ③投资人身保险产品 ④以投资名义向个人、企业提供借款

三、个人投资者

考点1.概述
（1）含义：指从事证券投资的社会自然人，是证券市场最广泛的投资主体。
（2）特点：资金规模有限、专业知识匮乏、投资行为随意，并具有分散和短期性、灵活性。

★考点2.风险特征
（1）构成：风险偏好；风险认知度；实际风险承受能力。
（2）分类：风险偏好型、风险中立型和风险规避型。

考点3.投资者适当性
（1）含义：指金融产品与客户的财务状况、投资目标、风险承受能力等的契合程度。
（2）管理。
①投资者分类义务：判断投资者风险承受能力。
②产品分级义务：判断产品风险等级。
③销售匹配义务：将适当的产品销售给适当的投资者。

第三节　证券中介机构

一、证券公司概述

考点1. 基本概念

（1）含义：指依照《公司法》和《证券法》设立的经营证券业务的公司。
（2）监管：设立证券公司必须经国务院证券监督管理机构审查批准。
（3）称呼：在美国被称为投资银行；在英国被称为商人银行；在中国、日本被称为证券公司。

★考点2. 监管制度

（1）业务许可：中国证监会许可从事经纪、投资咨询、财务顾问、承销等业务。
（2）市场准入：以诚信与资质为标准，包括机构设置、业务牌照、从业人员等。
（3）分类监管：中国证监会根据A、B、C、D、E五大类规定不同风险控制指标。
（4）风险监控：净资本和流动性（风险/流动性覆盖率、资本杠杆率及净稳定资金率）。
（5）合规管理：建立内部合规管理制度，设立合规总监和合规部门。
（6）存管制度：客户交易结算资金和第三方存管由商业银行负责。
（7）信息报送。

报告类型	报送期限
年度报告	每一会计年度结束之日起4个月内
月度报告	每月结束之日起7个工作日内
临时报告	立即报送（重大事件）

（8）披露制度：公开披露基本信息和财务信息；年报审计监管。

二、证券公司的主要业务

考点1. 证券经纪业务

（1）含义：指证券公司接受客户委托代客户买卖有价证券的业务。
（2）分类。
①柜台代理：代办股份转让系统进行交易的证券。
②证券交易所（以下简称为"证交所"）代理：上市股票、公司债券及权证等。
（3）流程：建立代理关系（开户和委托）→形成委托关系。

考点2. 证券投资咨询业务

（1）含义：指为客户提供证券投资分析、预测或建议等有偿咨询服务的活动。
（2）服务内容。
①投资建议：投资品种选择、投资组合及理财规划建议。
②研究报告：证券价值分析报告、行业研究报告、投资策略报告等。

考点3.财务顾问业务

(1) 含义：指与证券交易、证券投资活动有关的咨询、建议、策划业务。
(2) 服务内容。

对象	咨询内容
企业	证券发行和上市的改制改组、资产重组、前期辅导
法人/自然人	收购上市公司及相关的资产重组、债务重组
上市公司	重大投资、并购、关联交易、再融资、资产重组、完善治理结构等

★考点4.证券承销与保荐业务

(1) 证券承销：指证券公司代理证券发行人发行证券的行为。
(2) 承销方式。
①证券包销。
a.全额包销：证券公司将发行人的证券按照协议全部购入。
b.余额包销：在承销期结束时将售后剩余证券全部自行购入。
②证券代销：在承销期结束时将未售出的证券全部退还给发行人的承销方式。
(3) 保荐业务：证券公司履行保荐职责，应按规定注册登记为保荐机构。保荐机构负责证券发行的主承销工作，负有对发行人进行尽职调查的义务，对公开发行募集文件的真实性、准确性、完整性进行核查，向中国证监会出具保荐意见，并根据市场情况与发行人协商确定发行价格。

【注意1】向不特定对象发行证券票面总值＞5 000万元，应当由承销团承销。
【注意2】发行人申请公开发行股票，可转换为股票的公司债券，依法采取承销方式的，或者公开发行法律、行政法规规定实行保荐制度的其他证券的，应对聘请具有保荐资格的机构担任保荐机构。

考点5.证券自营业务

(1) 含义：指证券公司以自己的名义，以自有或依法筹集的资金买卖证券的行为。
(2) 对象。
①证交所上市交易的证券。
②银行间市场：政府债券、央行票据、金融债券、短期融资、企业债券等。
(3) 品种：证交所、股份转让系统、区域性股权交易市场、银行间市场等证券。
(4) 规定：以自有资金投资国债等流动性强的证券≤净资本的80%，无须取得证券自营业务资格。

★考点6.证券资产管理业务

(1) 含义：证券经营机构接受投资者委托，对受托的投资者的财产进行投资和管理的金融服务。

（2）资产管理计划按投资者人数分类。

①单一资产管理计划：单一投资者。

②集合资产管理计划：2人≤投资者≤200人。

（3）资产管理计划类别的确定。

①固定收益类：投资存款、债券等债权类资产的比例不低于资产管理计划总资产80%。

②权益类：投资股票、未上市企业股权等股权类资产的比例不低于资产管理计划总资产80%。

③商品及金融衍生品类：投资商品及金融衍生品的持仓合约价值的比例不低于资产管理计划总资产80%，且衍生品账户权益超过资产管理计划总资产20%。

④混合类：投资债权类、股权类、商品及金融衍生品类资产的比例未达到前三类标准。

（4）资产管理计划可投资的资产。

①银行存款、同业存单，以及符合《关于规范金融机构资产管理业务的指导意见》规定的标准化债权类资产，包括但不限于在证券交易所、银行间市场等国务院同意设立的交易场所交易的可以划分为均等份额、具有合理公允价值和完善流动性机制的债券、中央银行票据、资产支持证券、非金融企业债务融资工具等。

②上市公司股票、存托凭证以及中国证监会认可的其他标准化股权类。

③在证券期货交易所等国务院同意设立的交易场所集中交易清算的期货及期权合约等标准化商品及金融衍生品类资产。

④公开募集证券投资基金及中国证监会认可的比照公募基金管理的资产管理产品。

⑤第①至第③项规定以外的非标准化债权类资产、股权类资产、商品及金融衍生品类资产。

⑥第④项规定以外的其他受国务院金融监督管理机构监管的机构发行的资产管理产品。

⑦中国证监会认可的其他资产。

考点7. 融资融券业务

（1）交易类型。

①融资交易：客户向证券公司借资金买证券。

②融券交易：客户向证券公司借证券卖出。

（2）从业资格。

①最近2年：不存在因违法违规正被中国证监会立案调查，各风险指标持续符合规定。

②最近1年：未发生因公司管理问题导致的重大事故。

③其他条件：具有证券经纪业务资格、专业人员、完善的机制等。

考点8.证券公司中间介绍业务
(1) 含义：指接受期货经纪商委托，为其介绍客户并收取一定佣金的业务模式。
(2) 资格条件。

风险指标	申请日前6个月符合规定、申请日前2个月持续符合规定
业务人员	总部至少有5名、营业部至少有2名具有期货从业人员资格
制度健全	第三方存管、合规检查、技术系统等

(3) 业务范围。
①应当从事业务：协助办理开户手续、提供期货行情信息、交易设施等。
②不得从事业务：代理期货交易、收付或划转期货保证金、为期货交易提供融资。

★考点9.私募投资基金业务和另类投资业务

规定	私募基金子公司	另类子公司
业务限制	单只基金投资额≤基金总额的20%	不得开展基金业务、下设机构
业务范围	国债、央行票据、短期融资券、货币市场基金、保本型银行理财产品等	另类投资业务

【注意】共同点。
①设立要求：不得超过1家；近6个月风险指标符合要求；最近1年无重大违规。
②业务限制：不得对外提供担保和贷款，不得成为投资企业的债务的连带责任出资人。

三、证券服务机构

★考点1.概述
(1) 定义：指依法设立的从事证券服务业务的法人机构。
(2) 类别。
①证券投资咨询机构、财务顾问机构、资信评级机构：从业人员必须从业2年以上。
②其他机构：资产评估机构、会计师事务所、律师事务所等。
(3) 设立规定：按工商管理法规注册；由中国证监会批准从业。

【例1·选择】资信评级机构和资产评估机构均属于（　　）机构。（2018年）
A.资产管理　　　　　　　　B.投资咨询
C.证券代理　　　　　　　　D.证券服务
【答案】D
【解析】证券服务机构是指依法设立的从事证券服务业务的法人机构。证券服务机构包括投资咨询机构、财务顾问机构、资信评级机构、资产评估机构、证券金融公司、会计师事务所、律师事务所等从事证券服务业务的机构。

考点2.律师事务所从事证券法律业务的管理

对象	从业规定
事务所	①人员：执业律师≥20人，其中从事过证券法律业务≥5人 ②最近2年未因违法执业受到行政处罚，已办理执业责任保险
律师	①必要条件：最近2年未因违法执业受到行政处罚 ②任一条件：最近3年从事过证券法律业务或连续从事其教学、研究工作

★考点3.注册会计师、会计师事务所从事证券、期货相关业务的管理

对象	从业规定
事务所	①公司：成立≥5年；净资产≥500万元；合伙人≥25人 ②收入：上一年度≥8 000万元，且审计业务≥6 000万元 ③人员：注册会计师≥200人，最近5年连续执业≥120人（年龄≤65岁） ④其他：职业保险+风险基金≥8 000万元；行政/刑事处罚≥3年
会计师	有证券从业资格证，取得注册会计师证书≥1年，年龄≤60岁，以往3年无违规

【注意】事务所持续具备申请条件：自取得证券资格第3年起，每一年度上市公司年度报告审计业务不得少于5家或审计业务收入不得少于500万元。

★考点4.证券、期货投资咨询机构的管理

对象	从业规定
机构	①专职人员：分别从事≥5人，同时从事≥10人；高管≥1人取得从业资格 ②其他条件：注册资本≥100万元，有固定业务场所、公司章程、管理制度等
人员	中国国籍，本科，未受过刑事处罚，从业经历≥2年、通过从业资格考试

【注意】禁止性行为。
①代理委托人从事证券投资。
②与委托人约定分享证券投资收益或者分担证券投资损失。
③买卖本咨询机构提供服务的上市公司股票。
④利用传播媒介或者通过其他方式提供、传播虚假或误导投资者的信息。

考点5.资信评级机构从事证券业务的管理
（1）财务：实收资本与净资产均≥2 000万元。
（2）人员：高管≥3人、评级从业人员≥20人（有3年以上工作经验≥10人）。
（3）处罚：近5年无刑事处罚，近3年无行政处罚，无涉嫌违法经营正被调查。

[33]

(4) 其他：自取得业务许可 20 日内，向中国证券业协会备案评级方法等内容。

考点6. 资产评估机构从事证券、期货业务的管理
（1）机构：取得资产评估资格≥3年；发生过合并的，完成工商变更登记≥1年。
（2）人员：注册资产评估师≥30人，近3年连续执业≥20人。
（3）财务：净资产≥200万元，近3年评估业务收入≥2 000万元（每年≥500万）。
（4）禁止：刑事/行政处罚、撤销资格、因隐瞒情况被不予批准≤3年。

★★考点7. 证券金融公司的定位与从事转融通业务的管理
（1）含义：指依法设立的在证券市场上专门从事证券融资业务的法人机构。
（2）设立：注册资本≥60亿元（实收资本为货币出资），人员选任由中国证监会批准。
（3）定位：不以营利为目的，提供转融通服务、可用普通证券账户买卖证券。
（4）业务规则。
①开户：自己在证券登记结算机构开立转融通专用、担保证券账户、证券交收账户。
②管理：向证券公司转融通期限≤6个月，以证券公司名义开立明细（二级）账户。

账户名称	记载内容
担保资金明细账户	证券公司交存的担保资金的明细数据
担保证券明细账户	证券公司委托证券金融公司持有的担保证券的明细数据

③保证金：向证券公司收取，可以证券充抵，但货币资金占比不得低于15%。
（5）监督管理。

对象	具体规定
资料保存	期限≥20年
信息披露	每个交易日结束后，公布转融资/券余额、成交数据、费率等
报送制度	年度报告在4个月内报送；月度报告在7个工作日内报送，含风控指标及专项报表
风控指标	①净资本与各风险资本准备之和≥100% ②对单一证券公司转融通的余额≤净资本的50% ③融出的每种证券余额≤该证券上市可流通市值的10% ④充抵保证金的每种证券余额≤该证券总市值的15% ⑤风险准备金：按税后利润的10%提取
资金用途	购买银行存款、国债、证券投资基金份额、自用不动产等

第四节　自律性组织

一、证券交易所

★★考点1. 定义

证券交易所是证券买卖双方公开交易的场所，是一个高度组织化、集中进行证券交易的市场，它是整个证券市场的核心。

【注意】上海证券交易所（以下简称"上交所"）于1990年11月26日成立；深圳证券交易所（以下简称"深交所"）于1990年12月1日成立。

> 【例1·选择】上海证券交易所成立的时间是（　　）。（2016年）
> A.1990年11月26日　　　　　　B.1991年9月26日
> C.1992年10月26日　　　　　　D.1998年12月26日
> 【答案】A
> 【解析】上海证券交易所成立于1990年11月26日，同年12月19日开业，归属中国证监会垂直管理，是我国第一家证券交易所。

考点2. 特征

（1）交易活动：有固定的交易场所和交易时间，有较高的成交速度和成交率。
（2）交易对象：符合标准的上市证券。
（3）交易主体：具备会员资格的证券经营机构。
（4）交易制度：经纪制度，一般投资者不能直接进入交易所买卖证券。
（5）交易价格：通过公开竞价的方式决定。
（6）管理原则："公开、公平、公正"。

考点3. 主要职能

（1）组织：提供证券交易的场所、制定规则、安排上市、证券转让等。
（2）监管：证券交易、会员、上市公司、信息披露、服务机构、投资者教育等。

★★★考点4. 组织形式

组织机构	公司制	会员制
最高权力	股东大会	会员大会
经营决策	董事会	理事会
监督机构	监事会	监察委员会
日常经管	经理层	总经理

【注意】我国证交所为会员制，由国务院决定设立和解散，是非营利性的事业法人。

[35]

【例2·组合】证券交易所的组织形式包括（　　）。(2018年)
Ⅰ.合伙人制
Ⅱ.联合制
Ⅲ.公司制
Ⅳ.会员制
A.Ⅲ、Ⅳ　　　　　　　　　　　B.Ⅰ、Ⅱ、Ⅲ
C.Ⅰ、Ⅱ、Ⅲ、Ⅳ　　　　　　　D.Ⅰ、Ⅱ
【答案】A
【解析】证券交易所的组织形式大致可以分为两类，即公司制和会员制。

★考点5.会员制证交所的会议制度

区别	会员大会	理事会	监事会
召开次数	每年一次	每季度一次	每6个月一次
出席人数	≥2/3的会员	≥2/3的理事	无规定
表决通过	出席人数＞1/2	出席人数＞2/3	监事人数＞1/2
会议报告	10个工作日内	2个工作日内	2个工作日内

【注意1】监事会：监事每届任期3年，人员≥5人。
①会员监事≥2人：由会员大会选举。
②职工监事≥2人：由职工大会或职工代表大会选举。
③专职监事≥1人：由中国证监会委派。

【注意2】监事会相关规定。
①证券交易所理事、高级管理人员不得兼任监事。
②监事长、1/3以上监事可以提议召开临时监事会会议。

二、中国证券业协会

★考点1.性质
（1）成立时间：1991年8月28日。
（2）设立依据：《中华人民共和国证券法》和《社会团体登记管理条例》。
（3）协会性质：非营利性社会团体法人，是证券业的自律性组织。
（4）组织形式：会员制，证券公司应当加入。
（5）权力机构：在会员大会制定协会章程，然后报中国证监会备案。
（6）监督主体：接受中国证监会和民政部的监督。
（7）主要职责：进行自律管理，组织从业资格考试，代表证券业加入国际组织等。

考点2.组织机构

（1）**最高**权力机构：**会员**大会，由全体会员组成，会员由单位会员构成。
（2）执行机构：**理事会**，实行**会长**负责制。
（3）单位会员：法定会员、普通会员和特别会员，另设观察员。

类型	主要机构
法定会员	证券公司
普通会员	证券投资咨询/资信评级机构、私募基金/另类投资子公司
特别会员	证交所、金融期交所、证券登记结算/转融通机构、证券**自律**组织等
观察员	信用增进机构、债券受托管理人、网下机构投资者、境外证券类驻华代表处等

三、证券登记结算公司

考点1.概述

（1）管理制度：证券市场→**中央登记**制度→证券登记结算公司→行业**自律管理**。
（2）发展历程。

2001年10月1日之前	2001年3月30日以后
上交所→上海证券中央登记结算公司	中国证券登记结算有限责任公司（上海、深圳分公司）
深交所→深圳证券登记有限公司	

★ *考点2.设立条件*

（1）设立批准：**国务院证券监督管理**机构。
（2）自有资金：≥**2亿元**。
（3）必要场所：证券登记、存管和结算服务。
（4）从业人员：具有证券从业资格。
（5）公司名称：标明"证券登记结算"字样。

★★★ *考点3.主要职能*

（1）设立账户。
①证券账户：投资者**持有证券**、记录证券余额及变动情况的账户，由证券公司开立。
②结算账户：**清算交收**，投资者结算账户由**证券公司**开立，证券公司结算账户由**证券登记结算**公司开立。
（2）证券管理：**存管**→证券登记结算系统，**过户**→电子数据划转。
（3）证券登记：持有人名册及权益。
（4）其他职责：上市证券的**清算**、**交收**，受发行人委托**派发**证券权益等。

【例3·选择】投资者通过（　　）持有证券，记录持有证券余额及其变动情况。（2018年）

A.证券账户　　　　　　　　B.资金账户
C.结算账户　　　　　　　　D.银行账户

【答案】A

【解析】投资者通过证券账户持有证券，证券账户用于记录投资者持有证券余额及其变动情况。

★★★考点4.证券登记结算制度

（1）证券实名制：向证券登记结算机构申请证券账户，不得提供给他人使用。
（2）证券交收制：货银对付——一手交钱，一手交货，可降低违约交收风险。
（3）分级结算制：证券公司与证券登记结算机构进行证券和资金清算交收。
（4）结算参与人：获得资格才能直接进入登记结算系统，以控制结算风险。
（5）净额结算制：我国多采用多边净额结算方式。
①全额结算：对交易实行逐笔清算，逐笔转移证券和资金。
②净额结算：对交易实行轧差清算，交付轧抵后资金和证券的净额。
（6）专用性制度：结算证券和资金存放于专门的清算交收账户。

四、证券投资者保护基金

★考点1.中国证券投资者保护基金有限责任公司

（1）设立时间：2005年8月30日，在国家工商行政管理总局注册成立。
（2）公司性质：不以营利为目的的国有独资公司，由中国证监会管理。
（3）其他规定：应与中国证监会建立证券公司信息共享机制。

★考点2.保护基金的概述

（1）基金来源。
①证交所交易经手费的20%（在证交所风险基金达到规定的上限后）。
②证券公司营业收入的0.5%~5%或从其破产清算中受偿收入。
③申购冻结资金的利息收入、向责任方追偿所得、国内外机构及个人的捐赠。
（2）使用。
①对债权人予以偿付：证券公司被撤销、被关闭、破产、被中国证监会接管时。
②处置证券公司风险：制定风险处置方案（中国证监会）和基金使用方案（保护基金公司）。
（3）监督管理。
①中国证监会负责业务监管，监督基金的筹集、管理与使用。
②财政部负责保护基金公司的国有资产管理和财务监督。
③中国人民银行负责检查监督再贷款资金的合规使用情况。

第五节　证券市场监管机构

一、证券市场监管

考点1.概述

（1）意义：保障投资者合法权益、维护市场良好秩序、完善证券市场体系等。

（2）原则：依法监管、保护投资者利益、"三公"原则、监督与自律相结合原则。

（3）目标：保护投资者利益，保证证券市场的公平、效率和透明，降低系统性风险。

【注意】"三公"原则。

①公开：保障市场的透明度，实现信息的公开化，披露主体包含发行人、监管者等。

②公平：市场主体享有平等权利（进退市场、投资机会、获取信息等）。

③公正：对一切被监管对象给予公正待遇，公正处理各种证券违法行为和纠纷。

考点2.监管手段

（1）法律手段：完善证券法律法规体系、严格执法，是监管部门的主要手段。

（2）经济手段：利率、信贷、税收政策、公开市场业务等，较灵活，但存在时滞。

（3）行政手段：行政性干预比较直接，多在市场发展初期、法制不完善时使用。

二、证券市场监管机构

★★★考点1.国务院证券监督管理机构

（1）中国证券监督管理委员会（中国证监会）。

①地位：全国证券、期货市场的主管部门，是国务院直属事业单位。

②核心职责："两维护、一促进"。

a.维护市场公开、公平、公正。

b.维护投资者（特别是中小投资者）的合法权益。

c.促进资本市场健康发展。

③成立时间：1992年10月。

（2）中国证监会派出机构：监督管理辖区内的证券期货业务活动。

【例1·选择】我国证券交易所归属（　　）直接管理。（2018年）

A.中国证监会　　　　　　B.国务院

C.中国证券业协会　　　　D.省级人民政府

【答案】A

【解析】中国证监会直接管理我国证券交易所，但其设立与解散是由国务院决定的。

★考点2.国务院证券监督管理机构的职责
（1）制定制度：证券市场监督管理的规章规则，行使审批或核准权。
（2）监督管理：证券、证券机构、从业人员、证券业协会等主体活动。
（3）监管查处：违反证券市场监督管理法律、行政法规的行为。

考点3.国务院证券监督管理机构的权限
（1）现场检查：证券发行人、上市/证券/基金公司、证交所、证券服务机构等。
（2）调查取证：涉嫌违法行为发生场所。
（3）询问权限：当事人/相关单位和个人，要求对相关事项作出说明。
（4）查阅复制：被调查事件有关的财产权登记、通信/证券交易/登记过户记录等。
（5）封存权限：可能被转移、隐匿或毁损的文件和资料。
（6）冻结查封：有证据证明已经或可能转移涉案财产，毁损重要证据的。
（7）限制交易：操纵市场、内幕交易等不得超过15日，案情复杂可延长15日。

第四章 股票

第一节 股票概述

一、股票的概念

考点1. 定义

股票是一种有价证券，它是<u>股份有限公司</u>签发的证明股东所持股份的<u>所有权</u>凭证，每一股份的金额相等。

★★考点2. 性质

（1）<u>有价证券</u>：本身无价值，与财产权（股息、红利分配权）不可分离。
（2）<u>要式</u>证券：具备公司名称、成立日期、股票种类、票面金额、编号等。
（3）<u>证权</u>证券：股票用于证明股东权利，股票发行以股份存在为条件。
①<u>设权</u>证券：证券权利的发生是以证券的制作和存在为条件的。
②<u>证权</u>证券：证券是权利的一种物化外在形式，权利是已存在的。
（4）<u>资本</u>证券：是公司筹措<u>自有</u>资本的手段，是投入资本份额的证券化。
（5）<u>综合</u>权利证券：享有资产收益、重大决策、选择管理者等权利。

【注意】股票的特点。
①股票**不是**物权证券：对财产无直接支配处理权。
②股票**不是**债权证券：股东为公司部分财产的所有人，不是债权人。

★考点3. 特征

（1）<u>收益性</u>：<u>最基本</u>特征，指股票可以为持有人带来收益。
①<u>股息红利</u>→股份公司：取决于公司的<u>经营状况</u>和<u>盈利水平</u>。
②<u>资本利得</u>→股票流通：股票的<u>买卖差价</u>。
（2）<u>风险性</u>：投资收益具有不确定性，实际收益与预期收益之间可能会产生偏离。
（3）<u>流动性</u>：通过依法转让而变现，受市场深度、报价紧密度和价格弹性影响。
（4）<u>永久性</u>：股票权利的有效性始终不变，是一种无限期的法律凭证。
（5）<u>参与性</u>：股东有权参与公司重大决策。

★考点4. 股票分类

划分标准	分类内容
股东权利	①普通股票：持有者享有股东的基本权利和义务 ②特别股票：有特别权利或限制的股票，如优先股
记载姓名	①记名股票：在股票票面和股份公司的股东名册上记载股东姓名 ②无记名股票：在票面和股东名册上均不记载股东姓名的股票
票面金额	①有面额股票：票面上记载一定的金额，明确股权比例，提供定价依据 ②无面额股票：票面上不记载股票面额，价格较灵活，便于股票分割

★考点5. 股票按是否记载股东姓名分：记名股票和无记名股票

区别	记名股票	无记名股票
权利归属	记名股东	股票持有人
缴纳出资	一次或分次	一次
转让手续	相对复杂	相对简便
安全特性	相对安全，便于挂失	安全性较差，无法挂失

★★考点6. 股利政策

（1）股利分配的形式。

①现金股利→派现：以现金分红方式将盈余公积和当期应付利润发放给股东。

②股票股利→送股：对原有股东无偿派发股票，送股时将留存收益转入股本账户。

形式	结果
派现	使公司的资产和股东权益减少同等数额→现金流出
送股	股东在公司中占有的权益比例和账面价值均无变化

（2）相关日期。

①股利宣告日：公司董事会将分红派息的消息公布于众的时间。

②股权登记日：统计和确认参加本期股利分配的股东的日期。

③除息除权日：股权登记日后1个工作日，本日及之后买入股票不享有本期股利。

④股利派发日：正式将股利发放给股东的日期，通常会在几个工作日之内到达股东账户。

【注意1】蓝筹股：指经营业绩较好、具有稳定且较高的现金股利支付的公司股票。

【注意2】留存收益：盈余公积和未分配利润。

★考点7. 股份变动

（1）增发：股份公司向不特定对象公开募集股份的行为。

（2）定向增发：采用非公开方式向特定的对象发行股票。
（3）配股：上市公司向原股东配售股份的行为。
（4）转增股本：把资本公积金转入股本账户，按持有股份比例分入投资者账户。
（5）股份回购：股份公司利用自有资金买回发行在外股份的行为。
（6）可转债转股：公司收回并注销发行的可转换债券，同时发行新股。
（7）股票分割：又称拆股、拆细，是将1股股票均等地拆成若干股。
（8）股票合并：又称并股，是将若干股股票合并为1股。

二、普通股与优先股

★★★考点1.普通股股东权利

（1）重大决策参与权：参加股东大会（每年召开1次年会），行使表决权。

【注意1】临时股东大会：下列情形发生2个月内召开。

①董事人数＜规定人数的2/3。

②未弥补亏损≥实收股本总额的1/3。

③单独或合计持有公司股份10%以上的股东请求。

④其他情形：董事会认为必要、监事会提议召开、公司章程规定。

【注意2】股东大会：下列情形必须出席会议股东所持表决权的2/3以上通过：修改公司章程，增减注册资本，公司合并、分立、解散或变更公司形式。

（2）公司资产收益权：指按持股比例分取股利；红利支付的限制条件。

①法律限制：只能用留存收益，不能减少注册资本，无力偿债时不能支付。

②支付顺序：弥补亏损→提取法定公积金→提取任意公积金。

③其他限制：现金需要、股东地位、经营环境、资本市场获取资金的能力等。

（3）剩余资产分配权：

①先决条件：行权必须是在公司解散清算时。

②支付顺序：清算费用→员工工资和劳动保险费→税款→公司债务→分配剩余资产。

（4）其他权利：知情权、处置权、优先认股权。

★★考点2.优先股

（1）含义：指优先于普通股股东分配公司利润和剩余财产的股票。

（2）特征：收益相对固定，先于普通股获得股息和剩余财产清偿，权利范围小。

★★考点3.优先股与普通股的区别

区别	优先股	普通股
经营管理	一般不参与	可全面参与
优先权利	有（利润和清偿）	无
股息收益	一般固定	不固定
股价波动	相对较小	相对较大
退股要求	可以	不可以

【例1·组合】优先股票的特征包括（　　）。（2017年）
Ⅰ.可以约定固定的股息率
Ⅱ.股息分派优先
Ⅲ.剩余资产分配优先
Ⅳ.任何情况下无表决权
A.Ⅱ、Ⅲ　　　　　　　　　　B.Ⅰ、Ⅱ、Ⅲ、Ⅳ
C.Ⅰ、Ⅳ　　　　　　　　　　D.Ⅰ、Ⅱ、Ⅲ
【答案】D
【解析】优先股的特征为：①股息分派优先；②股息率固定，即不论公司经营状况和盈利水平如何变化，优先股票的股息率不变；③剩余资产分配优先；④一般无表决权，优先股票股东在一般情况下没有投票表决权，不享有公司的决策参与权。只有在特殊情况下，如讨论涉及优先股股东权益的议案时，他们才能行使表决权。

★考点4.优先股和债券的区别

区别	优先股	债券
法律属性	权益	负债
到期期限	没有	有（除永续债券外）
收益风险	相对较大	相对较小
收益来源	可分配税后利润	税前利润

【注意】优先股和其他股债混合产品的区别。
①与可转债相比，优先股没有固定期限，且未必含有转股条款。
②与永续债相比，优先股具有在一定条件下恢复表决权的权利，而永续债没有。

★考点5.优先股的分类

划分标准	主要类型
调整股息	①固定股息率优先股：股息率在存续期不做调整 ②浮动股息率优先股：根据约定的计算方法调整
分红规定	①强制分红优先股：在有可分配税后利润时必须分配利润 ②非强制分红优先股：无强制规定
股息累积	①可累积优先股：当年可分配利润不足支付股息，可累积至盈利年同发 ②非累积优先股：对所欠股息部分，不能要求公司在以后年度补发
额外分红	①参与优先股：除优先获得股息外，还可与普通股股东分享剩余收益 ②非参与优先股：不能参加额外分红，只能按确定股息率分配股息
转换权利	①可转换优先股：在规定时间内，可按一定转换比率换成普通股 ②不可转换优先股：不可以转换成普通股的优先股
回购权利	①可回购优先股：允许发行公司按发行价加一定的补偿收益回购优先股 ②不可回购优先股：不附有回购条款的优先股

★★★ **考点6. 我国股票的类型**

（1）国家股：指有权代表国家投资的机构以国有资产向公司投资形成的股份。
①现有国有资产折算成的股份、国有企业改组为股份公司的净资产。
②向新组建股份公司投资：政府部门、投资/资产经营公司、经济实体性总公司等。

（2）法人股：指企业法人、事业单位和社会团体以可支配资产投入公司形成的股份。
①国有法人股：以依法占有的法人资产出资形成的股份，属于国有股权。
②出资形式：货币、实物、工业产权、非专利技术、土地使用权等。

（3）社会公众股：指社会公众以其拥有的财产投入公司时形成的可上市流通的股份。
①股票上市条件：向社会公开发行股份＞总股份的25%。
②公司股本总额＞4亿元：向社会公开发行股份＞10%。

（4）外资股：指股份公司向外国和我国香港、澳门、台湾地区投资者发行的股票。
①境内上市外资股：B股，指股份公司向境外投资者募集并在我国境内上市的股份。
a.形式：记名股票，以人民币标面值、以外币认购买卖、在境内证交所上市交易。
b.规定：境内居民可用现汇/外币现钞存款、外汇资金交易，不可使用外币现钞。
②境外上市外资股：股份公司在境内注册、向境外投资者募集并在境外上市的股份。
a.形式：记名股票，以人民币标明面值、以外币认购。
b.股利：以人民币计价和宣布，以外币支付。
c.类型：在香港、纽约、新加坡、伦敦上市分别称为"H股、N股、S股、L股"。

【注意】红筹股。
①定义：指在中国境外注册，在香港上市，但大部分股东权益来自内地公司的股票。
②性质：不属于外资股。

（5）已完成股权分置改革的公司股票——按股份流通受限划分。
①有限售条件股份：有转让限制的股份。
a.包括：因改革暂时锁定的股份、内部职工股、董事/监事/高管持有的股份等。
b.类型：国家持股、国有法人持股（国有股权＞50%）、其他内资持股、外资持股。
②无限售条件股份：流通转让不受限制的股份。
a.A股：人民币普通股，含公司职工股。
b.其他：境内上市外资股（B股）、境外上市外资股（如H股）等。

第二节 股票发行

一、股票发行制度

考点1. 我国股票发行制度演变
（1）监管制度：审批制（额度、指标管理）→核准制（通道制、保荐制）。
（2）发行方式：直接影响参与者的利益分配，间接影响发行定价。
（3）发行定价：沪深交易所成立前按面值定价，成立后遵循"定价—竞价—定价"。

考点2.股票发行监管制度

（1）审批制：完全计划发行，在股市发展初期采用行政计划分配发行指标和额度。
（2）核准制：取消了指标和额度管理。
①证券中介机构：判断企业是否达到股票发行的条件。
②证券监管机构：实质性审查股票发行的合规性和适销性条件，有权否决发行申请。
（3）注册制：在成熟股市被普遍采用，只要达到证券监管部门公布的必要条件即可发行。

考点3.监管制度的比较

比较	审批制	核准制	注册制
发行指标	有	无	无
上市标准	有	有	有
推荐机构	政府部门	中介机构	中介机构
实质审核	中国证监会	中国证监会、中介机构	中介机构
形式审核	无	无	中国证监会

考点4.保荐制度

（1）定义：指由保荐人推荐公司发行股票，并提供持续指导和信用担保的制度。
（2）内容：保荐人注册登记管理，明确保荐期限及责任，持续信用及"冷淡对待"监管。

考点5.股票发行审核委员会制度

（1）股票发行审核委员会（简称发审委）：由国务院证券监督管理机构的专业人员和该机构外的有关专家组成。
（2）职责：在核准制下对发行申请人进行实质审查，行使行政权力和做出商业判断。

考点6.承销制度

（1）包销。
①全额包销：承销商先全额购入发行人发行的股票，再发售给投资者。
②余额包销，承销商到销售截止日将未售出的剩余股票全部自行购入。
（2）代销：指由承销商代发售股票，在承销期结束时将剩余股票全部退还给发行人。

二、新股发行

★考点1.公开发行股票的基本条件

（1）含义：向不特定对象或特定对象超过200人发行股票的行为。

（2）条件：组织机构健全、具备持续盈利能力、最近3年无虚假记载等违法行为。
（3）规定：募集资金必须按招股说明书用途使用，若要改变必须经股东大会决议。

★考点2. 首次公开发行股票（IPO）的规定

规定	在主板上市	在创业板上市
持续经营	3年以上（有限公司变更股份公司的，自其成立之日起计算）	
净利润	近3年均>0，且累计>3 000万元	近2年均>0，且累计≥1 000万元
营业收入	近3年累计>3亿元	最近1年≥5 000万元
现金流量	近3年净额累计>5 000万元	最近1期末净资产≥2 000万元
股本总额	发行前≥3 000万元	发行后≥3 000万元
主营业务	最近3年无重大变化	最近2年无重大变化
董事高管		

★考点3. 上市公司公开发行股票的规定

规定	在主板上市	在创业板上市
运行良好	最近3年未受到行政处罚，最近1年未受到公开谴责/违规对外担保	
财务状况	最近3年持续盈利 最近3年现金累计分配利润≥年均的30% 最近3年资产减值准备计提充分	最近2年持续盈利 最近2年按规定现金分红 最近1期末资产负债率>45%
财务报表	最近3年及最近1期未被注册会计师出具保留/否定意见的审计报告	
会计文件	最近3年无虚假记载	本次发行无虚假记载

★考点4. 配股的特别规定
（1）拟配售股份数量≤本次配股前股本总额的30%。
（2）控股股东应在股东大会召开前公开承诺认股数。
（3）采用《证券法》规定的代销方式发行。
（4）股东不履行配股/认股数<70%：按发行价加银行同期存款利息返还已认购股东。

★考点5. 增发的特别规定（主板+创业板）

对象	主要规定
金融资产	最近1期末不存在持有金额较大的情形
发行价格	≥股票均价（公告招股意向书前20个交易日或前1个交易日）

【注意】**主板**上市公司还需满足最近**3年**加权平均净资产收益率**≥6%**。

★考点6. 上市公司非公开发行股票（定向增发）的条件

规定	主板（中小企业板）	创业板
发行对象	≤10人	≤5人
发行价格	≥前20日股票均价的90% 本次发行，12个月不得转让 股东认购，36个月不得转让	≥前1日股票均价，发行结束之日起可上市交易 ≥前20/1日均价90%，12个月不得上市 战略投资者≥90%，36个月不得上市

【注意】定向增发的**禁止**情形。
①申请文件：有**虚假**记载、误导性陈述或重大遗漏。
②上市公司：权益被股东严重损害且**尚未**解除，违规对外提供担保且**尚未**解除。
③董事高管：最近**3年**受过中国证监会**行政处罚**，或者最近**1年**受过证交所**公开谴责**。

★考点7. 首次公开发行股票的发行方式

定价方式	发行股数	发行方式
询价方式	>2 000万股	网下发行
	>4亿股	向**战略投资者**配售
直接定价	≤2 000万股	网上发行

【注意】战略投资者：**不参与网下**询价，且获得本次配售股票持有期**≥12**个月。

考点8. 网下发行的主要规定

规定	IPO≤4亿股	IPO>4亿股
有效报价投资者	≥10家	≥20家
网下始发比例	≥发行股数的60%	≥发行股数的70%

【注意】回拨规定。
①网下申购数<网下**初始**发行量：**不得**将网下发行部分向网上回拨。

②网下申购数<网上初始发行量：可回拨给网下投资者。
③50倍<网上有效申购倍数≤100倍：应从网下向网上回拨发行股数的20%。
④网上有效申购倍数>100倍：回拨比例为发行股数的40%。
⑤网上有效申购倍数>150倍：回拨后网下发行比例≤发行股数的10%。

三、股票退市制度

★考点1. 主动退市情形

（1）股东大会决议：主动撤回股票、公司解散。
（2）股份收购要约：使公司股本总额、股权分布等不再具备上市条件。
①上市公司向所有股东发出回购要约。
②上市公司股东向所有其他股东发出收回要约。
③其他收购人向所有股东发出收购要约。
（3）上市公司合并：新设合并或吸收合并，不再具有独立主体资格并被注销。

★★考点2. 强制退市情形

对象	主要情形
披露文件	①情形：有虚假记载或重大遗漏，由中国证监会决定行政处罚或移送公安机关 ②后果：中国证监会作出决定起1年内，证券交易所做出终止上市决定
公司股票	①股本总额：在规定的期限内不能达到上市条件 ②社会公众持股比例<总股数的25%（总股本>4亿元，公众持股<10%） ③每日股票收盘价：连续20个交易日均低于股票面值 ④被暂停上市后：未提出恢复上市申请或申请材料不全且逾期未补充
上市公司	①在规定期限内，未改正财务会计报告中的重大差错或虚假记载 ②被法院宣告破产等

★★考点3. 科创板退市的特别规定

（1）重大违法强制退市：包括信息披露重大违法和公共安全重大违法行为。
（2）交易类强制退市：包括累计股票成交量低于一定指标，股票收盘价、市值、股东数量持续低于一定指标等。
（3）财务类强制退市：即明显丧失持续经营能力的，包括主营业务大部分停滞或者规模极低，经营资产大幅减少导致无法维持日常经营等。
（4）规范类强制退市：包括公司在信息披露、定期报告发布、公司股本总额或股权分布发生变化等方面触及相关合规性指标等。

【注意】科创板上市公司股票被终止上市的，不得申请重新上市。

第三节 股票交易

一、证券交易概述

★考点1.原则

（1）公开原则：信息公开原则，指证券交易参与各方应及时、准确、完整地发布信息。

（2）公平原则：参与者应获得平等机会、具有平等法律地位，权益能得到公平保护。

（3）公正原则：公正对待参与者、公正处理证券交易事务。

★★考点2.证券交易机制的类型

划分标准	分类内容
交易时间	①定期交易：成交时点不连续，先储存委托订单，在某一时刻加以匹配 a.批量指令可以提高价格的稳定性 b.指令执行和结算的成本相对较低 ②连续交易：指订单匹配可以连续不断进行，而交易并非一定是连续的 a.市场为投资者提供了交易的即时性 b.交易中可以反映更多市场价格信息
交易价格	①指令驱动：订单驱动市场，是一种竞价市场 a.交易价格由买卖双方的力量直接决定 b.投资者买卖证券的对手是其他投资者 ②报价驱动：做市商市场，是一种连续交易商市场 a.证券成交价格的形成由做市商决定 b.投资者买卖证券都以做市商为对手

【注意】证券交易机制的目标：①流动性；②稳定性；③有效性（高效率和低成本）。

考点3.融资融券交易（信用交易）

（1）融资交易：投资者向证券公司融入一定数量的资金买入股票。

（2）融券交易：投资者向证券公司融入一定数量的证券并卖出。

（3）转融通：证券金融公司将资金和证券出借给证券公司，供其办理融资融券业务。

【注意】融资、融券交易的特点：具有杠杆特性，能放大投资者的盈利或亏损。

二、股票交易程序

考点1.开户

（1）证券账户：记载投资者持有证券的种类、数量和相应的变动情况。

（2）资金账户：记载投资者买卖证券的货币收付和结存数额。

【注意】证券账户的种类及原则。

种类	记载内容
总账户	一码通账户，用于汇总各个子账户下证券持有及变动的情况
子账户	记载投资者参与特定交易场所或投资特定证券品种的情况

①子账户：A股、B股、全国中小企业股份转让系统、封闭式基金账户、开放式基金账户等。
②开户原则：合法性、真实性。

★考点2.证券托管和证券存管

区别	证券托管	证券存管
证券委托保管	投资者委托证券公司	证券公司委托证券登记结算机构
证券权益事务	证券公司代投资者处理	证券登记结算机构代为处理

考点3.我国的证券托管制度
（1）上交所实行全面指定交易。
①指定会员：投资者指定1家会员，通过其参与本所证券买卖。
②指定交易：签订协议行实会员向上交所交易主机申报办理手续。
③变更交易：投资者提出撤销申请→会员申报撤销指令→重新办。
（2）深交所。
①自动托管：买入证券的证券营业部。
②随处通买：同一证券账户可以在不同营业部买入证券。
③哪买哪卖：可通过原买入证券的交易单元委托卖出或发出转托管指令。
④转托不限：转托管完成后，在转入的交易单元委托卖出。

★★考点4.委托买卖→向证券经纪商下达委托指令
（1）证券委托的形式。
①柜台委托：委托人亲自或由代理人到证券营业部交易柜台，填写委托单并签章。
②非柜台委托：人工电话委托、传真委托、自助和电话自动委托、网上委托等。
（2）委托指令。
①指令内容：证券账户号码、证券代码、买卖方向、委托数量、委托价格等。
②指令种类。

划分标准	分类
订单数量	整数委托、零数委托
买卖方向	买进委托、卖出委托
价格限制	市价委托、限价委托
时效限制	当日委托、当周委托、无期限委托、开市委托、收市委托

★★考点5.委托受理的手续和过程
(1) 委托受理。
①验证与审单：相关证件（如身份证等）和客户填写的委托单。
②查验资金及证券。
(2) 委托执行。
①申报原则：时间优先、客户优先。
②申报方式：由场内交易员进行申报，或由客户或经纪商营业部业务员直接申报。
③申报时间。

交易所	主要规定
上交所	①会员竞价交易：9：15~9：25、9：30~11：30、13：00~15：00 ②开盘集合竞价：9：20~9：25（不接受撤销申报）
深交所	①会员竞价交易：9：15~11：30、13：00~15：00 ②不接受撤销申报：9：20~9：25、14：57~15：00 ③只接受但不处理买卖申报和撤销申报：9：25~9：30

(3) 委托撤销。
①撤单条件。
a.委托未成交之前：客户有权变更和撤销委托。
b.申报竞价成交后：买卖即告成立，成交部分不得撤销。
②撤单程序。
a.场内交易员申报：业务员通知→交易员确认操作→立即告知客户执行结果。
b.客户直接申报：将撤单信息通过电脑终端直接输入交易系统→办理撤单。
【注意】对客户撤销的委托，证券经纪商须及时将冻结的资金或证券解冻。

★考点6.竞价
(1) 竞价原则：价格优先、时间优先。
(2) 竞价方式。
①集合竞价：对在规定时间内接受的买卖申报一次性集中撮合的竞价方式。
②连续竞价：对买卖申报逐笔连续撮合的竞价方式。
(3) 竞价时间（上交所与深交所）。
①集合竞价：开盘后9：15~9：25、收盘前14：57~15：00。
②连续竞价：9：30~11：30、13：00~14：57。
(4) 竞价结果。
①全部成交：证券经纪商应及时通知客户按规定时间办理交收手续。
②部分成交：证券经纪商在委托有效期内可继续执行，直至有效期结束。
③不成交：在有效期内继续，结束后委托失效，及时解冻资金或证券。

★★考点7.确定成交价的原则
（1）集合竞价。
①可实现最大成交量的价格。
②高于该价格的买入申报与低于该价格的卖出申报全部成交的价格。
③与该价格相同的买卖方至少有一方全部成交的价格。
（2）连续竞价。
①最高买入与最低卖出申报价位相同的价格。
②即时揭示的最低卖出及最高买入申报价格。

★考点8.涨跌幅限制与竞价申报的有效范围
（1）公式：涨跌幅限制价格=前收盘价×（1±涨跌幅限制比例）。
（2）限制：沪、深证交所涨跌幅比例为10%，其中ST和*ST股价涨跌幅比例为5%。
【注意】首个交易日无价格涨跌幅限制的情形。
①上交所：首次公开发行上市、暂停上市后恢复上市、增发/退市后重新上市的股票。
②深交所：首次公开发行上市、暂停上市后恢复上市的股票。

★★考点9.交易费用
（1）佣金：客户按成交金额一定比例支付给证券经纪商的费用。
①实质：证券经纪商提供证券代理买卖服务收取的费用。
②组成：证券公司经纪佣金、证交所手续费和证券交易监管费等。
（2）过户费：委托买卖的股票、基金成交后，买卖双方变更证券登记的费用。
①一部分属于中国证券登记结算有限责任公司的收入。
②一部分由证券公司留存，在同客户清算交收时代为扣收。
（3）印花税：在A股、B股成交后对买卖双方客户按规定税率分别征收的税金。
①证券经纪商在同客户办理交收时代为扣收。
②中国证券登记结算有限责任公司在同证券经纪商清算交收中集中结算，再统一向征税机关缴纳。

★考点10.交易结算
（1）模式：在我国为法人结算（由证券公司在证券登记结算机构开立交收账户）。
①证券清算交收：中国证券登记结算有限责任公司将证券交收结果每日传送给证券公司（记录）。
②资金清算交收：结算资金第三方存管制度，证券公司指定商业银行共同完成。
（2）非交易过户：证券持有人变更，须由过出方和过入方申请办理。
①对象：登记在中国证券登记结算有限责任公司的证券账户中的A股、债券、基金、权证等证券。

②情形：证券继承、赠予、财产分割、法人资格丧失等。

三、股票价格指数

考点1. 概述

（1）概念：指反映整个市场上各种股票市场价格的总体水平及其变动情况的指标。
（2）地位：股市行情的指示器和经济景气变化的晴雨表。
（3）功能。
①综合反映：一定时期内某一证券市场上股票价格的变动方向和变动程度。
②提供信息：便于投资者和分析家研究、判断股市动态，从分析股市大势走向。
③作为标尺：评价投资业绩，以提供一个股市投资的基准回报。
④作为基础：指数衍生产品和其他金融创新。

★ 考点2. 指数编制

（1）步骤：选样本股→选基期→计算平均股价或市值（基期→计算期）→指数化。
（2）方法。
①算术平均法：将计算日与基期的股价平均数相比，再乘以基期指数得出平均指数。
②几何平均法：采用几何平均数，以伦敦金融时报指数和美国价值线指数为代表。
③加权平均法：赋予样本股不同权数（成交额、上市股数等）。

★★ 考点3. 我国主要的股票价格指数

（1）中证指数有限公司（中证规模指数体系）。
①沪深300指数：采用派许加权综合价格指数，每半年调整一次（调整比例≤10%）。
②中证规模指数：中证100指数、200指数、500指数、700指数、800指数和中证流通指数。
（2）上交所：上证综指、上证180指数、50指数、380指数、100指数、150指数。
（3）深交所：深证成分、综合、A/B股、100指数、新指数、中小板/创业板综合指数等。
（4）香港：恒生指数（成分股有50家、加权平均法以发行量为权数）。
（5）台湾：发行量加权股价指数（最具代表性）、与英国金融时报指数联合编制的指数等。

考点4. 境外主要股票市场的股票价格指数

（1）道·琼斯工业股价平均数：世界最早，是反映美国经济状况最灵敏指标。
①主体：由道·琼斯公司编制，后在《华尔街日报》公布，是采用除数修正的简单平均数。
②种类：道·琼斯工业/运输业/公用事业股价平均数、综合平均数、公正市价指数。
（2）标准普尔500指数：成分股，有工业400指数、运输业20指数、公用事业40指

数、金融业40指数。

（3）纳斯达克（全美证券交易商自动报价系统）指数。

（4）金融时报证券交易所指数（富时指数）：英国最具权威性股价指数。

①主体：由《金融时报》和伦敦证交所共同拥有的富时集团编制。

②种类：30种（金融时报工业）、100种（FT-100）股票指数、综合精算股票指数。

（5）日经平均股价指数。

①主体：由日本经济新闻社编制的反映日本股市价格变动的股指。

②种类：日经225种、500种平均股价指数。

四、沪港通和深港通

★★考点1.沪港通

（1）含义：由上交所和香港联合交易所建立，供内地和香港投资者买卖对方的股票。

（2）种类。

①沪股通：指投资者委托香港经纪商，由联交所申报、买卖上交所上市的股票。

a.股票范围：上证180指数及380指数成分股、上交所上市的A+H股公司股票。

b.额度：每日520亿元。

②港股通：指投资者委托内地证券公司，由上交所申报、买卖香港联交所上市的股票。

a.股票范围：联交所恒生综合大型和中型股指数成分股、两地上市的A+H股。

b.额度：每日420亿元。

c.主体限制：机构投资者、个人投资者（证券+资金账户资产≥50万元）。

考点2.深港通

（1）深股通。

①定义：指投资者委托香港经纪商，由联交所申报、买卖深交所上市的股票。

②范围：市值≥60亿元的深证成分、中小创新指数成分股，深交所上市的A+H股。

③额度：每日520亿元。

（2）港股通。

①定义：指投资者委托内地证券公司，由深交所申报、买卖香港联交所上市的股票。

②范围：恒生综合大型和中型、小型（≥50亿港元）股指成分股、联交所的A+H股。

③额度：每日420亿元。

五、科创板的有关特别规定

考点1.投资者适当性

（1）个人投资者开通科创板股票交易权限的，应符合下列条件。

①申请权限开通前20个交易日证券账户及资金账户内的资产日均不低于50万元（不包括该投资者通过融资融券融入的资金和证券）。

②参与证券交易24个月以上。

③上海证券交易所规定的其他条件。

（2）机构投资者参与科创板股票交易，应当符合法律法规及上海证券交易所业务规则的规定。

★ 考点2.交易机制和交易方式

（1）交易方式：交易实行T+1。

①竞价交易：通过限价申报买卖科创板股票的，单笔申报数量应当不小于200股，且不超过10万股；通过市价申报买卖的，单笔申报数量应当不小于200股，且不超过5万股。卖出时，余额不足200股的部分，应当一次性申报卖出。

②盘后固定价格交易：在收盘集合竞价结束后，上交所交易系统按照时间优先顺序对收盘定价申报进行撮合，并采用当日收盘价成交的交易方式。盘后固定价格交易申报时间为9：30~11：30和13：00~15：30。

③大宗交易。

（2）竞价时间。

①开盘集合竞价时间为9：15~9：25。

②连续竞价时间为9：30~11：30和13：00~15：00。

【注意】科创板首次公开发行上市的股票，上市后的前5个交易日不设价格涨跌幅限制。

第四节 股票估值

一、股票的价值与价格

★★ 考点1.价值

（1）票面价值：在有面额股票票面上标明的金额为面值。

①溢价发行：发行价格＞面值，所得溢价列为公司资本公积金。

②平价发行：发行价格＝面值，募集资金计入资本账户。

（2）账面价值：又称每股净值或每股净资产。

①公式：在无优先股下，账面价值＝净资产÷发行在外的普通股股数。

②特点：一般不等于股票市场价格，会计价值≠实际价值，不反映未来发展前景。

（3）清算价值：公司清算时每一股份代表的实际价值。

①清算价值＝账面价值：实际出售价款＝财务报表上的账面价值。

②清算价值＜账面价值：现实中清算资产只能压低价格出售，且还须加上清算费用。

（4）内在价值：即理论价值，是股票未来收益的现值，决定市场价格。

★ 考点2.价格
（1）理论价格：以一定的必要收益率计算出来的未来收入的现值。
①期值：股票的未来收益（未来股息收入及资本利得收入）。
②现值：将期值按必要收益率和有效期限折算成今天的价值。
（2）市场价格：二级市场上的交易价格，取决于股票的供求关系。

★★★ 考点3.影响股价变动的基本因素（基本面分析）
（1）公司经营状况：与股价正相关，经营现状和未来发展是股价的基石。
①公司治理水平：经理层、内部人以及与外部投资者的利益关系，经理层管理能力。
②管理层质量：高管的经验、水平、性格等，团队的稳定、合作与分工等。
③公司竞争力：SWOT分析（优劣势、机会、威胁）及市场占有率、产品线、财务等。
④财务状况：营利性（每股收益、净资产收益率）、安全性、流动性和公司并购重组。
（2）行业与部门因素。
①行业分类。
②行业分析因素：a.行业或产业竞争结构；b.行业可持续性；c.抗外部冲击的能力；d.监管及税收待遇——政府关系；e.劳资关系；f.财务与融资问题；g.行业估值水平。
③行业生命周期：幼稚期、成长期、成熟期、衰退期。
（3）宏观经济与政策因素：波及范围广、干扰程度深、作用机制复杂、波动幅度大。
①经济增长及经济周期循环（繁荣、衰退、萧条和复苏）。
②货币政策：央行采用存款准备金、再贴现、公开市场业务等工具调控货币供应量。
a.目标：稳定物价、充分就业、国际收支平衡、经济增长等。
b.作用。

政策类型	货币供给	股市资金	股票需求	股价
宽松性	↑	↑	↑	↑
紧缩性	↓	↓	↓	↓

③财政政策。

政策类型	主要影响
财政赤字	赤字（↑）→财政支出（↑）→刺激经济增长
企业税负	税率（↑）→企业税负（↑）→税后利润（↓）→股息（↓）
交易税率	干预资本市场税率，如印花税、利息税、资本利得税等→直接影响价格
发行国债	发行量会改变证券供求→间接影响股票价格

④市场利率。
a.对公司。

利率	债务利息负担	净利润	股息	股价
提高	↑	↓	↓	↓
下降	↓	↑	↑	↑

b.对股票和投资者。

利率	固定收益证券需求	融资成本	股票需求	股价
提高	↑	↑	↓	↓
下降	↓	↓	↑	↑

⑤通货膨胀。

通胀	主要影响
在初期	产品价格↑、存货增值↑、利润↑、股息分派↑、股价↑
严重时	企业成本↑、利润↓、股价↓

⑥汇率变化。
a.变化趋势：对本国有利→股价上升。
b.影响程度：对商品进出口和资本项目严重依赖国际市场的国家影响较大。

汇率	本币	出口	进口	资本	国内资本市场流动性
上升	贬值	↑	↓	流出	↓
下降	升值	↓	↑	流入	↑

⑦国际收支状况：若连续逆差，政府会提高利率和汇率→鼓励出口→股价下跌。

★考点4.影响股价变化的其他因素
（1）政治因素：战争、政权更迭、领袖更替、重大经济政策、国际政治变化等。
（2）不可抗力因素：自然灾害或不幸事件→造成重大损失→股价下跌。
（3）心理因素：投资者乐观→股价上涨、悲观→股价下跌、观望→交易量减少。
（4）政策制度因素。
①因突发事件影响证券交易正常进行：证交所可采取技术性停牌。
②不可抗力事件或维护交易正常秩序：证交所可决定临时停市。
③股票市场投机过度或出现严重违法：证券监管机构会平抑股价波动。
（5）人为操纵因素：证交所可限制出现重大异常交易的证券账户的交易。

★考点5.股票投资主要分析方法
（1）基本分析法：假设股票的价值决定价格、价格围绕价值波动。

①宏观经济分析：经济指标和经济政策对股价的影响。

对象	主要内容
指标	a.先行性指标：利率水平、货币供给、消费者预期、企业投资规模等 b.同步性指标：个人收入、工资支出、国内生产总值、社会商品销售额等 c.滞后性指标：失业率、库存量、银行未收回贷款规模等
政策	货币、财政、信贷、债务、税收、利率与汇率、产业、收入分配政策等

②行业和区域分析：行业（市场类型、生命周期、业绩等）及区域经济因素。
③公司分析：竞争/盈利/经营管理能力、财务状况、经营业绩及潜在风险等。
（2）技术分析法：仅从股票市场行为来分析股价未来变化趋势。
①假设：市场行为包含一切信息、价格沿趋势移动、历史会重复。
②内容：K线、切线、形态、技术指标、波浪、循环周期理论。
（3）量化分析法：利用统计、数值模拟和其他定量模型研究证券市场。

二、股票估值方法

考点1.相关概念

（1）货币的时间价值：货币随时间的推移而发生的增值。
（2）复利：货币的时间价值使资金的借贷具有利上加利的特性。
（3）贴现：给定的终值计算现值的过程。
（4）计算（复利条件下）：$FV = PV \cdot (1+i)^n$、$PV = FV/(1+i)^n$。
【注意】FV为终值、PV为本金（现值）；i为每期利率；n为期数。

★考点2.影响股票投资价值的因素

（1）内部因素：净资产、盈利水平、股利政策、股份分割、增资和减资、并购重组。
（2）外部因素：宏观经济因素、行业因素、市场因素。

考点3.股票的绝对估值方法

（1）基本原理：现金流贴现法，将未来现金流按比率进行贴现，再加总得到当前现值。
（2）主要模型：
①红利贴现模型：现金流为持有期间的现金分红和持有期末卖出时的预期价格。
②股权自由现金流（FCFE→可自由分配给股权拥有者的最大化现金流）贴现模型。
③企业自由现金流（FCFF→可向所有出资人进行自由分配的现金流）贴现模型。

考点4.股票的相对估值方法

（1）基本原理：以可比公司的价格为基础，来评估目标公司的价值（股权/企业）。
（2）计算公式：目标公司价值=目标公司指标×（可比公司价值÷可比公司指标）。

（3）常用倍数（可比公司价值÷可比公司某种指标）。

①市盈率倍数（P/E = 每股市价÷每股收益）：反映股票价值对净利润的倍数。

②市净率倍数（P/B = 每股市价÷每股净资产）。

a.反映：股票价值对净资产的倍数。

b.适用：资产流动性较高的金融机构，如银行业。

③市销率倍数（P/S = 每股市价÷每股销售收入）。

a.反映：股权价值对销售收入的倍数。

b.适用：无利润或亏损企业，销售成本率较低的收入驱动型公司。

④企业价值（EV）/息税前利润（EBIT = 净利润+所得税+利息）倍数。

⑤企业价值/息税折旧摊销前利润（EBITDA）倍数。

a. EBITDA = 净利润+所得税+利息+折旧+摊销。

b.作用：剔除了资本结构和折旧摊销的影响。

c.适用：对折旧摊销影响较大的公司，如重资产公司。

第五章 债券

第一节 债券概述

一、债券的主要内容

★考点1.定义

（1）概念：向投资者承诺按一定利率定期支付利息并到期偿还本金的<u>债权债务</u>凭证。

（2）权责关系：借贷<u>资金</u>数额、借贷<u>时间</u>、债券<u>利息</u>（资金成本或应有补偿）。

（3）权利义务：经济主体<u>发行人</u>借入资金并还本付息、<u>投资者</u>出借资金。

（4）基本性质：属于<u>有价证券</u>，是一种<u>虚拟</u>资本，是<u>债权</u>的表现。

> 【例1·选择】债券代表债券投资者的权利，这种权利称为（　　）。（2017年）
> A.债权　　　　　　　　　B.财产使用权
> C.所有权　　　　　　　　D.财产支配权
> 【答案】A
> 【解析】债券是债权的表现。债券代表债券投资者的权利，这种权利不是直接支配财产权，也不以资产所有权表现，而是一种债权。拥有债券的人是债权人，债权人不同于公司股东，是公司的外部利益相关者。

★考点2.票面要素（基本要素）

（1）<u>票面价值</u>：发行人承诺到期偿还给债券持有人的金额。

（2）<u>到期期限</u>：<u>发行日</u>至<u>偿清</u>本息日的时间，是发行人承诺履行义务的全部时间。

（3）<u>票面利率</u>：又称<u>名义</u>利率＝债券年利息÷票面价值。

（4）<u>发行者名称</u>：指明债务主体，明确发行人偿还本息的义务。

★考点3.特征

（1）<u>偿还</u>性：债务人必须按期向债权人支付利息和偿还本金（除永续债券外）。

（2）<u>流动</u>性：持有人可转让债券以提前收回本金和实现投资收益。

（3）<u>安全</u>性：收益相对稳定，不随发行者经营收益变动而变，且可按期收回本金。

（4）<u>收益</u>性：<u>利息</u>收入、资本<u>损益</u>和<u>再投资</u>收益。

★ 考点4.分类

划分标准	分类
发行主体	政府(中央政府发行国债)、金融(金融机构)、公司债券
付息方式	零息、附息(定期付息)、息票累积(一次性获得本息)债券
债券形态	实物(标准格式)、凭证式(收款凭证)、记账式(无实物)债券
利率变动	固定利率债券、浮动利率债券、可调利率债券
期限长短	长期(>10年)、短期(<1年)、中期(1~10年)债券
发行方式	公募、私募(发行对象≤200人)债券
信用状况	利率债(政府信用)、信用债(商业信用)

★ 考点5.我国目前的债券类型

(1) 政府债券：国债及地方政府债券由财政部监管。
(2) 金融债券：中国人民银行与中国银保监会监管。
(3) 企业债券：国家发改委监管。
(4) 公司债券：中国证监会监管。
(5) 中国人民银行监管的银行间市场非金融企业债务融资工具。

★★ 考点6.债券与股票的异同点

(1) 相同点：都属于有价证券，都是直接融资工具。
(2) 不同点。

区别	债券	股票
性质	债权凭证	所有权凭证
权利	按期获取利息，到期收回本金	表决权、经营决策权、监督权
目的	所筹资金属于负债	资金列入公司资本
主体	政府、金融机构、公司企业等	股份有限公司
期限	有期限	无期限(永久)
收益	固定利息	股息红利不固定
风险	较小	较大

二、政府债券

★ 考点1.概述

(1) 含义：指政府财政部门或代理机构以政府名义发行的债务凭证。
(2) 种类：中央政府债券(国债)+地方政府债券。
(3) 性质：形式为有价证券，功能有弥补赤字、扩大公共支出、宏观调控等手段。
(4) 特征：安全性高(金边债券)、流通性强、收益稳定、有免税待遇。

【例2·选择】信用风险最低的债券是（　　）。（2018年）
A.长期金融债券　　　　　　　　B.短期公司债券
C.短期金融债券　　　　　　　　D.国库券
【答案】D
【解析】政府债券的信用风险最低，一般认为中央政府债券几乎没有信用风险，其他债券的信用风险从低到高依次排列为地方政府债券、金融债券、公司债券。国库券属于政府债券的一种。

★ 考点2.中央政府债券的分类

划分标准	主要种类
偿还期限	短期（<1年）、中期（1~10年）、长期（>10年）国债
资金用途	赤字、建设（基础设施）、战争、特种（特殊政策）国债
流通与否	流通（可自由认购和转让）、非流通（储蓄债券等）国债
面值币种	本币国债、外币国债
付息方式	贴现（不附息、折价发行，≤1年）、附息（>1年）国债

★★ 考点3.我国国债的品种
（1）普通国债。
①记账式国债：以无纸化方式发行、电子记账方式记录、可上市和流通转让的国债。
②凭证式国债：有固定票面利率，通过纸质媒介记录债权债务关系的国债。
③电子式国债：面向境内公民发行，以电子方式记录的不可流通的人民币债券。
（2）其他国债：国家建设、财政、特种、保值、基本建设、特别、长期建设国债。
（3）主要特点。

品种	特点
记账式国债	可记名、挂失，面向全社会各类投资者发行，价格随行就市
凭证式国债	柜台发行，不可上市、免税、不印刷实物券面、变现灵活
电子式国债	实名制、柜台发行、针对个人发行、免税、鼓励持有到期

（4）凭证式和电子式国债的区别。

区别	凭证式国债	电子式国债
申购手续	现金/银行存款→直接购买	先开立个人国债托管账户
债权记录	中国储蓄国债（凭证式）收款凭证	电子记账→二级托管体制
付息方式	到期一次还本付息	按年付息/利随本清
到期兑付	承销机构网点办理	承办银行自动转入

(5) 电子式与记账式国债的区别。

区别	记账式国债	电子式国债
发行对象	机构/个人	个人
发行利率	承销团投标确定	参照同期银行存款利率和市场供求关系
流通方式	可上市	不可上市
交易价格	净价可能<或>发行面值	本金≥面值

【例3·选择】关于通过银行系统发行的凭证式国债，以下说法错误的是（　　）。（2017年）
　　A.可以到原购买网点提前兑取　　B.可以记名
　　C.可以挂失　　　　　　　　　　D.可以上市流通
【答案】D
【解析】凭证式国债是指由财政部发行的、有固定票面利率、通过纸质媒介记录债权债务关系的国债，是不可上市流通的储蓄型债券。

★考点4.地方政府债券
（1）含义：指地方政府根据本地经济发展和资金需求状况向社会筹资的债务凭证。
（2）发行人：省、自治区、直辖市政府。
（3）分类：一般债券（普通债券）、专项债券（收入债券）。

区别	一般债券	专项债券
发行目的	没有收益的公益性项目	有一定收益的公益性项目
还本付息	一般公共预算收入	政府性基金/专项收入

三、金融债券、公司债券、企业债券

★考点1.金融债券
（1）定义：指银行及非银行金融机构发行并约定在一定期限内还本付息的有价证券。
（2）分类。

划分标准	分类
付息方式	附息（定期付息）、贴现（折价发行，到期还本付息）金融债券
发行条件	普通、累进利息（利率随期限增加而累进）金融债券
期限长短	短期债券、中期债券和长期债券
是否记名	记名债券和不记名债券

续表

划分标准	分类
担保情况	信用债券和担保债券
提前赎回	可提前赎回债券和不可提前赎回债券
利率变动	固定利率债券、浮动利率债券和累进利率债券
选择权利	附有选择权的债券和不附有选择权的债券

★★★考点2.我国的金融债券

（1）政策性金融债券：指我国政策性银行为筹集资金向金融机构发行的债券。
①发行主体：国家开发银行、中国进出口银行、中国农业发展银行。
②发行对象：国有商业银行、中国邮政储蓄银行、城市商业银行等。
（2）商业银行金融债券：指商业银行在全国银行间债券市场发行的有价证券。
①金融债券：核心资本充足率≥4%；最近3年连续盈利、没有重大违法行为。
②次级债券。
a.含义：指本金和利息的清偿顺序列于其他负债之后、先于股权资本的债券。
b.条件：贷款5级分类偏差小；核心资本充足率≥5%；最近3年没有重大违法行为。
c.其他：以私募方式发行的，核心资本充足率≥4%。
③资本补充债券。
a.含义：指满足资本监管要求、对特定触发事件下债券偿付事宜作出约定的债券。
b.种类：无固定期限资本债券和二级资本债券等。
c.条件：公司偿债能力良好，且成立满3年，触发事件发生时可实施减记或转股。
（3）证券公司债券。
①普通债券：指证券公司依法发行的、约定在一定期限内还本付息的有价证券。
②短期融资券。
a.含义：证券公司以短期融资为目的、在银行间债券市场发行的一年内还本利息的金融债券。
b.规定：余额管理，待偿还短期融资券余额≤净资本的60%，自主确定发行规模。
③次级债。
a.含义：清偿顺序在普通债之后的次级债券或次级债务。
b.种类：长期次级债（＞1年）、短期次级债（≥3个月，≤1年）。
【注意】次级债计入净资本的规定。
①长期：根据到期期限，按比例计入净资本3年（100%）、2年（70%）、1年以上（50%）。
②短期：不计入净资本。
（4）保险公司次级债务。
①含义：期限≥5年，清偿顺序列于保单责任和其他负债之后、先于股权资本的债务。

②规定。
  a.所募金额:可计入附属资本,但≤净资产的50%,不得用于弥补日常经营损失。
  b.偿债规定:确保偿还后偿付能力充足率≥100%,且无权向法院申请破产清偿。
  c.担保规定:保险公司及其股东和其他第三方不得提供担保。
(5)财务公司债券。
①担保规定:由财务公司的母公司或其他有担保能力的成员单位提供相应担保。
②发行方式:公开发行或定向发行,可采取一次足额发行或限额内分期发行。
(6)其他非银行金融机构发行的债券:发行后,资本充足率≥8%。
①金融租赁公司:以经营融资租赁业务为主的非银行金融机构。
②汽车金融公司:为中国境内的汽车购买者及销售者提供金融服务的机构。

★考点3.公司债券
(1)定义:指公司依照法定程序发行的、约定在一定期限还本付息的有价证券。
(2)分类。

划分标准	分类
担保抵押	信用公司债券、不动产抵押公司债券、保证公司债券
付息方式	普通公司债券、收益公司债券
含选择权	可转换、附认股权证(含分离交易的可转债)、可交换公司债券
是否记名	记名公司债券、不记名公司债券
利润分配	参加公司债券、非参加公司债券
提前赎回	可提前赎回公司债券、不可提前赎回公司债券
发行方式	公募公司债券、私募公司债券

★★★考点4.主要的公司债券
(1)信用公司债券:不以公司任何资产作担保而发行的债券,属于无担保证券。
(2)不动产抵押公司债券:以公司的不动产(如房屋、土地等)作抵押,属于抵押证券。
(3)保证公司债券:由第三者作为还本付息担保人的债券,属于担保证券。
(4)收益公司债券:利息只有在公司有盈利时才支付(可以累加至收益增加后补发)。
(5)可转换公司债券:可以转换成股份的债券,具有双重选择权特征。
①双重优势:债权投资与股权投资。
②对发行人:拥有是否实施赎回条款的选择权。

（6）附认股权证的公司债券：附有认购公司股票权利，在发股时享有优先购买权。
①可分离型：债券和认股权可分离，可独立转让。
②非分离型：认股权不能成为独立买卖的对象。
（7）可交换公司债券：股东发行的可交换成该股东所持有的股份的公司债券。

【例4·选择】只有在公司有盈利时支付利息的公司债券是（　　）。（2017年）
A．可转换公司债券　　　　　　B．信用公司债券
C．保证公司债券　　　　　　　D．收益公司债券
【答案】D
【解析】收益公司债券是一种具有特殊性质的债券。与一般债券不同，其利息只在公司有盈利时才支付，即发行公司的利润扣除各项固定支出后的余额用作债券利息的来源。

★考点5．企业债券
（1）定义：由国家发改委监督管理的，约定在一定期限内还本付息的有价证券。
（2）主体：由股份有限公司、有限责任公司或企业法人等发行，不含上市公司。
（3）分类。
①城投债（"准市政债"）。
a.发行主体：隶属于地方政府的企业，由地方政府提供隐性担保。
b.资金用途：地方基础设施建设。
②产业债。
a.发行主体：对政府及政策依赖性相对较弱的大中型国有及民营企业。
b.资金用途：与其生产经营相关的领域。
③集合债。
a.发行主体：多个发行人联合发行。
b.发行原则："统一组织、分别负债、统一担保、集合发行"。

★考点6．我国的企业债券
（1）中小企业集合债券。
①牵头人：当地政府国资部门（或发改委、金融办、中小企业服务局）。
②发行人：多个中小企业联合发行。
（2）小微企业增信集合债券。
①发行主体：地方融资平台或国有企业。
②发行对象：机构投资者。
③资金用途：以银行委托贷款的方式发放给小微企业。
④委贷资金：对单个委贷对象发放≤1 000万元，且≤募集资金规模的3%。

（3）可续期企业债券。
①含义：指在约定的计息周期（一般3～5年）到期时，可继续延长一个周期的债券。
②特点：期限超长、主动赎回、可充当资本金等。

（4）项目收益债券。
①发行主体：项目实施主体或其实际控制人。
②资金用途：只能用于特定项目的投资与建设，不得置换项目资本金或偿还其他债务。
③偿还资金：主要来源于项目建成后运营收益。
④发行方式：公开发行，招标或簿记建档，非公开发行，投资者≤200人，单笔认购≥500万元。

（5）专项债券。
①债券种类：停车场/地下综合管廊/配电网建设/新兴/养老产业、"双创"孵化等。
②绿色债券。
a.含义：支持节能减排技术改造、绿色城镇化等绿色循环低碳发展项目的债券。
b.条件：募集资金占项目总投资比例为80%，不受发债指标限制等。

★考点7.我国非金融企业债务融资工具

（1）定义：指具有法人资格的非金融企业在银行间债券市场发行的有价证券。
（2）种类。
①短期融资券：短期指1年内还本付息，超级短期指期限在270天以内。
②中期票据。
a.期限：1年以上、10年以下，我国通常为3年或5年。
b.规定：偿还余额≤企业净资产的40%，募集资金应用于企业生产经营活动。
③非公开定向债务融资工具：向银行间市场特定机构投资人发行的非金融企业债券。
④中小非金融企业集合票据：2个≤发行企业≤10个在银行间债券市场统一发行。

> 【例5·组合】下列关于中小非金融企业集合票据的说法，正确的有（ ）。（2017年）
> Ⅰ.应由2个（含）以上10个（含）以下中小非金融企业共同发行
> Ⅱ.单只集合票据注册金额不超过10亿元
> Ⅲ.在银行间债券市场发行
> Ⅳ.约定在一定期限还本付息
> A.Ⅰ、Ⅳ B.Ⅱ、Ⅲ、Ⅳ
> C.Ⅰ、Ⅱ、Ⅲ、Ⅳ D.Ⅰ、Ⅱ、Ⅲ
> 【答案】C
> 【解析】中小非金融企业集合票据是在银行间债券市场发行的，约定在一定期限还本付息的债务融资工具。

★考点8. 我国企业债券和公司债券的区别

区别	企业债券	公司债券
发行主体	不包括上市公司	所有公司制法人
发行监管	审批制 中国人民银行与国家计划委员会	公募→中国证监会核准制 私募→证券业协会备案制
资金用途	限制在固定资产、技术革新	不强制与项目挂钩
申报程序	①中央企业：直接申报 ②国务院企业：行业管理部门转报 ③地方企业：发展改革部门转报	①中国证监会5日内决定是否受理 ②发行审核委员会作出核准的决定
发行期限	3～20年，以10年为主	3～10年，以5年为主
持续时间	批准日起2个月内发行完	①首期发行：6个月内，发行量≥50% ②剩余发行：24个月内 ③每期发行：5日内报中国证监会备案
定价方式	利率不高于同期银行定期存款利率的40%	无限制，由发行人与保荐人询价确定
担保要求	大多采取担保	大多是无担保信用债
发行市场	银行间债券市场和证交所	证券交易所市场

四、国际债券

考点1. 定义

（1）含义：指一国借款人在国际市场上以外币为面值、向外国投资者发行的债券。

（2）发行人：各国政府、银行或其他金融机构、工商企业及一些国际组织等。

（3）投资者：银行或其他金融机构、各种基金会、工商财团和自然人。

★考点2. 特征

（1）资金来源广、发行规模大。

（2）存在汇率风险。

（3）有国家主权保障。

（4）以自由兑换货币作为计量货币。

★★★考点3. 分类

（1）外国债券：一国借款人在本国以外的某一国家发行以该国货币为面值的债券。

（2）欧洲债券：一国借款人在本国境外发行、不以发行国货币为面值的国际债券。

【注意1】外国债券和欧洲债券的联系。

①涉及国家：**外国**债券涉及**2**国，**欧洲**债券涉及**3**国。
②主要联系。

债券	发行人	面值货币和发行市场
外国债券	属于**一个**国家	属于**另一**国国家
欧洲债券		属于**不同**的国家

【注意2】外国债券的类型。

类型	发行人	发行市场	面值货币
扬基债券	非发行市场所在国	美国	美元
武士债券		日本	日元
熊猫债券		中国	人民币
猛犬债券		英国	英镑

考点4. 中国企业发行的境外债券类型

（1）**非人民币**债券：在境外市场以**非人民币**发行和结算的债券，如美元债券。
（2）**点心债**：以**人民币**发行、以**人民币**结算的债券。
（3）**合成型**债券：以**人民币**发行、以**其他国**货币结算的债券。

五、资产证券化

★★考点1. 概述

（1）定义：以特定**资产组合**未来产生的**现金流**为支持，发行可交易证券的一种融资形式。
（2）作用：将流动性**较低**的资产转化为流动性**较高**的可交易证券。
（3）种类：

划分标准	分类
基础资产	不动产、应收账款、信贷资产、未来收益、债券组合证券化
所属地域	**境内**资产证券化、**离岸**资产证券化
金融属性	**股权**型证券化、**债权**型证券化、**混合**型证券化

考点2. 证券公司和基金管理公司子公司开展资产证券化业务的要求

（1）开展资产证券化业务的要求。
①证券公司须具备**客户**资产管理业务资格。
②基金管理公司子公司须由证券投资基金管理公司设立且具备**特定客户**资产管理业务资格。

（2）开展资产证券化业务方式：证券公司、基金管理公司子公司通过设立<u>特殊目的载体</u>开展资产证券化业务。

【注意】特殊目的载体：指证券公司、基金管理公司子公司为开展资产证券化业务专门设立的资产支持专项计划或者中国证监会认可的其他特殊目的载体。

★考点3.参与者

（1）<u>发起人</u>：<u>起点</u>，是基础资产的<u>原始权益人</u>和卖方，组建资产池转移给SPV。
（2）<u>特殊</u>目的机构（<u>SPV</u>）：介于发起人和投资者之间，是<u>真正</u>的发行人。
（3）信用<u>增级</u>机构：负责提升证券化产品的信用等级，向SPV收取相应费用。
（4）信用<u>评级</u>机构：三大机构有标准普尔、穆迪公司和惠誉公司。
（5）<u>承销</u>商：负责证券设计和发行承销的投资银行。
（6）<u>服务</u>商：对资产项目及其所产生的现金流进行监理和保管。
（7）<u>受托</u>人：把SPV中的现金流转付给投资者，没有立即转付的款项再投资。

考点4.具体操作要求

（1）重组现金流，构造<u>证券化</u>资产。
（2）组建特殊目的机构，实现<u>真实出售</u>，达到破产隔离。
（3）完善交易结构，进行<u>信用增级</u>。
（4）资产支持证券的<u>信用评级</u>。
（5）安排<u>证券销售</u>，向发起人支付。
（6）挂牌上市交易及<u>到期支付</u>。

考点5.资产支持证券概念及分类

（1）概念：在资产证券化过程中发行的<u>以资产池</u>为基础的证券。
（2）分类。
①<u>银行</u>的债权资产，如：<u>住房</u>抵押、商业地产抵押、信用卡、<u>汽车</u>、企业贷款等。
②<u>企业</u>的债权资产，如：应收账款、设备租赁等。

考点6.资产证券化兴起的经济动因

（1）从<u>发起人</u>的角度。
①增加资产的<u>流动性</u>，提高资本<u>使用效率</u>。
②提升资产负债<u>管理能力</u>，优化<u>财务状况</u>。
③实现<u>低成本</u>融资。
④<u>增加收入</u>来源。
（2）从<u>投资者</u>的角度。
①提供<u>多样化</u>的投资品种。
②提供更多的<u>合规投资</u>。
③降低资本要求，扩大<u>投资规模</u>。

第二节 债券的发行

一、国债的发行与承销

★考点1.我国国债的发行方式

（1）主要方式（以公开招标为主）。
①凭证式国债：采用承购包销方式。
②记账式国债：采用竞争性招标方式。
（2）国债预发行：以即将发行的记账式国债为标的，在正式招标前进行交易。
①发行时间：国债招标日前4个至1个法定工作日进行预发行。
②交收时间：在国债招标后按约定价格进行资金和国债交收。

★考点2.竞争性招标方式

（1）含义：指通过投标人的直接竞价来确定发行价格（或利率）水平。
（2）规则。
①利率格式：票面利率保留2位小数。
②发行价格：期限≤1年的保留3位小数，期限＞1年的保留2位小数。
③竞标时间：招标日10：35～11：35。
④招标方式。

方式	标的	当期国债	承销价格
单一价格	利率	最高中标利率为票面利率	面值
	价格	最低中标价格为发行价格	发行价格
多重价格	利率	加权平均中标利率为票面利率	面值/中标利率
	价格	加权平均中标价格为发行价格	发行价格/中标价格

【注意1】多重价格的承销价格中标的为利率：中标标位≤票面利率，按面值承销；中标标位＞票面利率，按各中标标位的利率与票面利率折算的价格承销。

【注意2】多重价格的承销价格中标的为价格：中标标位＜发行价格，按各中标标位的价格承销；中标标位≥发行价格，按发行价格承销。

★考点3.承购包销方式

（1）含义：指大宗机构投资者组成包销团，向财政部承购国债并转售、包购余额。
（2）对象：储蓄国债（电子式+凭证式）。
（3）发行额度。
①电子式：基本代销额度比例分配和机动代销额度竞争性抓取。
②凭证式：代销额度比例分配。
（4）额度调整：由财政部同中国人民银行以半年为周期，调整代销额度比例。

★★考点4.承销程序

（1）记账式国债。

①招标发行。

a.银行间债券市场：商业银行、证券公司、保险公司、信托投资公司等机构。

b.证交所交易系统：证券公司、保险公司和信托投资公司及其他投资者。

②分销。

a.交易所市场发行：场内挂牌分销或场外分销。

b.银行间债券市场：由中央国债登记结算有限责任公司管理。

（2）凭证式国债。

①交易方式："随买随卖"、利率按实际持有天数分档计付。

②承销主体：各类商业银行、邮政储蓄银行。

★考点5.影响国债销售价格的因素

（1）市场利率：利率趋于上升（下降），承销商确定销售价格的空间受限（拓宽）。

（2）承销商承销国债的中标成本：销售价格一般≥承销商与发行人的结算价格。

（3）可比国债收益率：承销价格过高，因而收益率过低，倾向于购买已流通的国债。

（4）承销手续费收入：承销商为促进分销活动，可能压低销售价格。

（5）承销商所期望的资金回收速度：销售价格降低，资金速度加快。

（6）其他国债分销过程中的成本。

二、地方政府债券的发行与承销

★考点1.财政部代理发行地方政府债券

（1）发行场所：全国银行间债券市场和证券交易所债券市场。

（2）投标限定。

①投标标位：变动幅度为0.01%。

②投标量：承销团甲、乙类成员最高分别为30%、10%，最低分别为4%、1%。

③承销额：甲、乙类成员最低分别为当期地方债招标额的1%、0.2%。

④单一标位：投标限额范围是0.2亿~30亿元，投标量最小变动幅度为0.1亿元。

（3）债权托管：中央国债登记结算有限责任公司和中国证券登记结算有限责任公司。

（4）债券分销。

①分销方式：场内挂牌、场外签订分销合同。

②分销对象：在中央国债登记结算有限责任公司和中国证券登记结算有限责任公司开立股票和基金账户的投资者。

③分销价格：承销团成员自定价格。

★ 考点2.地方政府自行发债

区别	一般债券	专项债券
债券期限	单一发行规模≤全年的30%	7年和10年发行规模≤全年的50%
债券承销	一般债券承销团	专项债券承销团
债券发还	自发自还	自发自还
债券评级	一般债券信用评级	专项债券信用评级
债券托管	总登记托管在中央国债登记结算有限责任公司；分登记托管在证券登记结算机构

三、金融债券的发行与承销

★★★ 考点1.我国金融债券发行条件

（1）政策性银行：天然具备发行条件，须按年向中国人民银行申请，核准后可发行。

（2）商业银行：核心资本充足率≥4%，最近3年连续盈利、无重大违法行为等。

（3）财务公司：设立>1年，申请前1年注册资本金≥3亿元，近3年无重大违法行为等。

（4）金融租赁公司：注册资本金≥5亿元，最近3年连续盈利、无重大违法行为等。

（5）汽车金融公司：注册资本金≥8亿元，最近1年利润率≥行业平均水平等。

> 【例1·选择】国家开发银行、中国进出口银行、中国农业发展银行天然具备发行金融债券的条件，经（　　）核准后便可发行。（2018年）
> A.财政部　　　　　　　　B.国家发改委
> C.中国人民银行　　　　　D.中国证监会
> 【答案】C
> 【解析】中国人民银行依法对金融债券的发行进行监督管理。未经中国人民银行核准，任何金融机构不得擅自发行金融债券。

考点2.申报文件

（1）主要文件：发行申请报告、发行人近3年经审计的财务报告、承销协议。

（2）特殊文件。

①政策性银行：金融债券发行办法。

②其他金融机构：监管机构和公司章程规定的权力机构书面同意文件、专项报告、募集说明书、信用评级等。

★ 考点3.操作要求

（1）发行方式：公开或定向发行、一次足额发行或限额内分期发行。

（2）担保要求：商业银行无须担保；财务公司须其母公司担保；不满3年的金融租赁公司须担保。

（3）相关事宜。
①认购限制：发行人<u>不得认购自己</u>发行的金融债券。
②发行期限：在中国人民银行核准发行日起<u>60个</u>工作日内开始发行。
③期限限制：未在规定期限内完成发行的，发行人<u>不得继续</u>发行本期金融债券。
④发行报告：发行结束后<u>10个工作日</u>内，向中国人民银行报告发行情况。
⑤信用评级：由信用<u>评级机构</u>进行定向发行的，经认购人同意可免于评级。
⑥转让限制：<u>定向</u>发行的只能在<u>认购人</u>之间进行。
【注意】<u>中央国债</u>登记结算有限责任公司为金融债券的<u>登记</u>、<u>托管</u>机构。

★★考点4. 次级债务

发行主体	期限	清偿顺序	其他规定
<u>商业</u>银行	≥5年	在<u>存款</u>和其他负债之后	<u>定向</u>募集对象为企业法人
<u>保险</u>公司	≥5年	在<u>保单</u>和其他负债之后	偿付本息后充足率≥100%
<u>证券</u>公司	≥2年（长期）	后于普通债务 先于股权资本	长期次级债务为<u>定期</u>债务
	3个月~2年		短期次级债务<u>不计</u>入净资本

★考点5. 混合资本债券

（1）发行主体：<u>商业银行</u>为补充附属资本发行的。
（2）清偿顺序：位于<u>股权</u>资本<u>之前</u>，但列在<u>一般</u>债务和<u>次级</u>债务<u>之后</u>。
（3）债券期限：<u>15年</u>以上，发行之日起<u>10年</u>内<u>不可</u>赎回。
（4）募集方式：须报送近<u>3年</u>资本充足率信息和其他债务本息偿付情况。
（5）发行方式：<u>公开</u>或<u>定向</u>，均要进行信用评级。

四、企业债券的发行与承销

考点1. 企业债券和公司债券的发行条件

对象	主要条件
净资产额	<u>股份</u>有限公司≥3 000万元，<u>有限</u>责任公司≥6 000万元
累计债券	余额≤公司净资产的40%
平均利润	最近<u>3年</u>平均可分配利润足以支付债券<u>1年</u>的利息
其他规定	所筹资金投向符合国家产业政策，债券利率≤国务院限定利率水平等

★考点2. 募集资金的投向

（1）企业债券。
①<u>可投</u>：与生产经营<u>有关</u>的固定资产投资、收购产权、债务结构和营运资金等。

②不可投：与生产经营无关的房地产买卖、股票买卖和期货交易等风险性投资。
（2）公司债券：公开发行须核准用途，非公开发行须约定用途。

★ 考点3. 不得再次发行的情形
（1）企业债券。
①前一次公开发行的公司债券尚未募足的。
②对已公开发行的债务有违约或延迟支付本息的事实，且仍处于继续状态的。
③违反《证券法》规定，改变公开发行公司债券所募资金用途的。
（2）公司债券。
①最近36个月内公司财务会计文件存在虚假记载，或者公司存在其他重大违法行为。
②本次发行申请文件存在虚假记载、误导性陈述或者重大遗漏。
③严重损害投资者合法权益和社会公共利益的其他情形。
④企业债券不得再次发行的情形。

考点4. 中小非金融企业集合票据
（1）特点：分别负债、集合发行，发行期限灵活，引入信用增进机制。
（2）规模。
①交易商协会注册：一次注册，一次发行。
②任一企业集合票据：待偿还余额≤净资产的40%，募集金额≤2亿元。
③单只票据注册金额：≤10亿元。
（3）保障：信用增进措施、资金偿付安排等其他偿债保障措施。
（4）评级：债项评级、各企业主体及专业信用增进机构主体信用评级。
（5）机制：投资者保护——债项信用级别低的发行注册自动失效。

五、国际开发机构人民币债券的发行与承销的有关规定

考点1. 概述
（1）国际开发机构：指进行开发性贷款和投资的多边、双边及地区国际开发性机构。
（2）人民币债券：指国际开发机构依法在中国境内发行的以人民币计价的债券。

考点2. 审批体制
（1）流程。
①发行申请：国际开发机构向财政部等窗口单位申请。
②审核同意：窗口单位会同中国人民银行、国家发改委、中国证监会等审核后，报国务院。
（2）职责。
①中国人民银行：管理发行利率及有关的人民币账户和人民币跨境支付。

②国家外汇管理局：管理外汇专用账户及相关购汇、结汇。
③财政部：管理所筹资金发放的贷款和投资。

★ 考点3.发债机构应具备的基本条件
（1）评级公司≥2家：至少1家人民币债券信用级别≥AA级。
（2）已为中国境内项目或企业提供的贷款和股本资金在10亿美元以上。
（3）所筹资金用于向中国境内的建设项目提供中长期固定资产贷款或提供股本资金。

考点4.申请发行人民币债券应提交的材料
（1）人民币债券发行申请报告。
（2）募集说明书。
（3）近3年经审计的财务报表及附注。
（4）人民币债券信用评级报告及跟踪评级安排的说明。
（5）为中国境内项目或企业提供贷款和投资的情况。
（6）拟提供贷款和股本资金的项目清单及相关证明文件和法律文件。
（7）按照《中华人民共和国律师法》执业的律师出具的法律意见书。

第三节　债券交易

一、债券交易的概念及流程

★ 考点1.基本概念
（1）现券交易。
①含义：指交易双方以约定的价格在当日或次日转让债券所有权的交易行为。
②特点：即期交易，买卖双方成交后就办理交收，也是二级市场的交易。
（2）回购交易。
①含义：买卖双方在成交同时约定于未来以约定价格再进行反向交易。
②特点：属于质押贷款，通常是政府债券，具有短期融资属性。
（3）远期交易：双方约定在未来某一时刻按现在确定的价格买卖标的债券。
（4）期货交易：标准化的远期，双方在集中性市场以公开竞价方式进行交易。

★ 考点2.现券交易与远期交易的区别

区别	现券交易	远期交易
签订合同	不需要	远期合同
交收时间	现买现卖	较长间隔
交易程序	方便灵活：随机性较大	比较严格：先谈判，后签订合同

[77]

★考点3.远期交易与期货交易的区别

区别	远期交易	期货交易
交易场所	场外	交易所内
合约规范	双方协商确定	标准化：统一规定
交易风险	无价格风险，有信用风险	无信用风险，有价格风险
履约责任	单方无法取消	回旋余地较大
实物交割	比例极高	比例极低
保证金制度	无统一性	按比例缴纳

考点4.债券报价的主要方式

（1）询价交易方式：公开报价、对话报价。
①公开：参与者为表明自身交易意向而面向市场作出的、不可直接确认成交的报价。
②对话：参与者为达成交易而直接向交易对手方作出的、对方确认即可成交的报价。
（2）单向撮合（时间优先原则）方式：双边报价、小额报价。
①双边：交易员在央行核定的差价范围内进行现券买卖报价（买卖实价、数量等）。
②小额：在交易系统中，一次报价、规定交易数量范围和对手范围的现券交易方式。

★考点5.主要流程

（1）开户：订立开户合同后，开立账户。
（2）成交：投资者委托证券公司通过卫星直接传至交易所主机进行撮合成交。
①竞价原则："三先"，即价格优先、时间优先、客户委托优先。
②竞价方式：口头报唱、板牌竞价及计算机终端申报竞价。
（3）清算：指在同一交割日对同一种债券的买和卖相互抵销，按净额交收原则交割。
（4）交割：有当日、普通日和约定日交割方式，深交所和上交所均为当日交割。
（5）登记：债券登记结算机构为债券发行人建立和维护债券持有人名册。
（6）托管：投资人以自己名义开立托管账户，托管量=已发行但未到期的债券总量。
①投资机构：商业银行、信用社、信托/财务/金融租赁/保险/证券/基金管理公司。
②开户机构：中央国债登记结算有限责任公司（中央结算公司）、银行间市场清算所股份有限公司（上海清算所）、中国证券登记结算有限责任公司（中国结算公司）。
（7）兑付：到期兑付、提前兑付、债券替换、分期兑付和转换为普通股兑付。
（8）付息：支付利息可采用息票方式（剪息票方式）、折扣利息、本息合一方式。

二、债券评级

★考点1.信用评级的程序

（1）债券信用评级：是指以企业或经济主体发行的有价债券为对象进行的信用评级。

（2）评级准备。

①组建评级项目组：根据受评级机构所处行业特点、企业规模及复杂程度组建；实行组长负责制，至少由两名评级分析人员组成。项目组组长应当具备证券业从业资格，且从事资信评级业务3年以上。

②项目组成员利益冲突审查：证券评级机构对此进行审查，项目组成员应签署利益冲突回避承诺书。

③项目组制订完善的评级工作计划。

（3）实地调查。

①对受评级机构或受评级证券发行人的董事、监事、高级管理人员以及主要业务和管理部门负责人进行访谈。

②实地考察受评级机构或受评级证券发行人主要生产经营现场，进一步核实其生产经营现状、资产状况、在建项目等。

③必要时，对其他相关机构进行调研访谈，包括金融机构、行政主管部门、工商税务部门、关联公司、主要业务往来单位等。

（4）初评阶段：初评报告撰写时应当遵循以下程序。

①汇总整理所有评级相关资料，建立完备、规范的工作底稿。

②对评级所依据的文件资料内容的真实性、准确性和完整性进行核查和验证。

③项目组对评级对象的信用风险进行深入分析，形成初评报告并给出建议的信用等级。

（5）评定等级：由评审委员会召开信用等级评审会议决定，会议应形成书面记录，内容包括以下几点。

①会议时间、地点及参会评审委员（不少于5人）。

②参会评审委员的评审意见。

③参会评审委员的表决意见与投票结果。

（6）结果反馈与复评。

①结果反馈：证券评级机构将评级结果书面告知受评级机构或受评级证券发行人。

②复评：若受评级机构对评级结果有异议，应在5个工作日内向评级机构书面提出复评申请，并提供补充材料，证券评级机构受理申请后，从初评阶段开始重新执行评级程序。

（7）结果发布：证券评级机构应根据有关法律、法规和协会自律规则的规定，公布评级结果。在下列情形下，证券评级机构可以终止评级并公告原因。

①受评级机构或受评级证券发行人拒不提供评级所需关键材料或提供的材料存在虚假记载、误导性陈述或重大遗漏的。

②委托人不按约定支付评级费用的。

③因受评级机构被收购兼并、重组或受评级证券被转股、回购等，导致评级对象不再存续的。

（8）文件存档。

①评级项目组应将项目资料及时进行分类整理，存档并填写存档资料清单。

②受评级机构或受评级证券发行人提供的全套资料均应归档。

（9）<u>跟踪</u>评级：在评级对象有效存续期内继续进行跟踪评级，出具<u>定期</u>或<u>不定期</u>跟踪评级报告。

【注意】初评报告须按照内部审核程序进行三级审核。各级审核人员应在内部审核记录上签署审核意见、时间并署名。

★ 考点2. 等级标准

（1）银行间债券市场<u>中长期</u>债券信用评级。（<u>三等九级</u>）

等级	偿债能力	受不利经济环境的影响	违约风险
AAA	极强	基本不受影响	极低
AA	很强	受影响不大	很低
A	较强	较易受影响	较低
BBB	一般	受影响较大	一般
BB	较弱	受影响很大	较高
B	偿债能力<u>较大</u>地依赖于良好的经济环境		很高
CCC	偿债能力<u>极度</u>依赖于良好的经济环境		极高
CC	在破产或重组时可获得保护较小，基本<u>不能保证</u>偿还债务		
C	不能偿还债务		

（2）银行间债券市场<u>短期</u>债券信用评级。（<u>四等六级</u>）

等级	还本付息能力	安全性
A-1	最强	最高
A-2	较强	较高
A-3	一般	受环境变化的影响
B	较低	有一定的违约风险
C	很低	违约风险较高
D	不能按期还本付息	

考点3. 主要内容

（1）<u>企业</u>素质：法人代表素质、员工素质、管理素质、发展潜力等。

（2）<u>经营</u>能力：销售收入增长率、流动资产周转次数、应收账款及存货周转率等。

（3）<u>获利</u>能力：资本金利润率、成本费用利润率、销售利润率、总资产利润率等。

（4）<u>偿债</u>能力：资产负债率、流动比率、速动比率、现金流等。

（5）<u>履约</u>情况：贷款到期偿还率、贷款利息偿还率等。

（6）<u>发展</u>前景：宏观经济形势、行业特征、市场需求、企业成长性和抗风险能力等。

三、债券市场

★考点1. 交易方式

（1）银行间债券市场的交易方式。

①询价交易方式。

a.步骤：报价→格式化询价→确认成交。

b.规定：最低交易量、交易量最小变动单位为券面总额10万元。

②点击成交交易方式。

a.步骤：报价方发出要约报价，受价方点击成交或限价报价直接匹配。

b.规定：最低交易量为券面总额100万元，最小变动单位为总额10万元。

③现券买卖：指交易成员约定以某一价格转让其持有债券的交易行为。

a.买卖方式：净价交易、全价结算；资产支持证券按每百元面额对应本金报价。

b.交易方式：询价方式下可用意向、双向（仅适用资产支持证券）和对话报价；点击方式下可用做市、点击成交和限价报价。

（2）交易所市场交易方式。

①竞价撮合：按时间优先、价格优先原则，匹配买卖指令，达成交易。

②场外交易：固定收益证券综合电子平台。

a.平台定位：机构投资者的大额现券交易。

b.两层市场：交易商之间采用报价制和询价制、交易商与投资者采用协议、成交申报。

c.操作方式：现券交易、买断式回购及质押券的申报和转回。

d.操作限制：不能进行质押式回购操作。

③系统交易（竞价和询价系统之间）。

a.交易模式：本系统→T+0、跨系统→T+1。

b.交易规定：当日在竞价系统买入，当日在该系统卖出，次一交易日在固定收益证券综合电子平台卖出。

考点2. 托管方式

（1）银行间债券市场（场外）：一级、二级综合托管账户。

①存管机构：中央国债登记结算有限责任公司。

②结算成员：间接指中小及非金融机构，直接指代理间接机构结算的存款类金融机构。

（2）交易所债券市场（场内）：中央登记、二级托管。

①中央：所有证券在中国证券登记结算有限责任公司登记，记录所有权转移过程。

②二级：投资者将资产事实上托管给证券公司代理交易结算。

★考点3. 结算方式

（1）银行间市场：实时全额逐笔结算机制。

①结算系统：中央国债登记结算有限责任公司的中央债券综合业务系统。

②全额结算：又称逐笔结算，指每笔结算单独交收，各笔结算之间不得相互抵销。

③结算方式：券款对付指同步办理券和款的交割和清算、结算。
（2）交易所市场：中央对手方的净额结算机制。
①结算主体：中国证券登记结算有限责任公司作为交易双方共同的对手方。
②清算模式：固定收益证券综合电子平台上是交易商之间、交易商与客户达成的交易。

考点4.债券市场转托管
（1）定义：指同一投资人开立的两个托管账户之间的托管债券的转移。
（2）条件：身份证、债券交易卡/账户卡、填写债券账户业务申请表、缴纳手续费。
（3）规定。
①债券：只有国债（包括附息国债和地方债）和企业债可以跨市场交易。
②时间：银行间市场为8：30~16：30、交易所市场为15：00前录入指令。
③收费。
a.银行间→交易所：国债面值的0.005%，费用在10~10 000元。
b.交易所→银行间：国债面值的0.01%。
④速度：国债最快为T+1日到账，其他债券为T+2日或T+3日到账。

考点5.债券市场互联互通与对外开放

时间		内容
2016年		国家外汇管理局发布《合格境外机构投资者境内证券投资外汇管理规定》，引入更多符合条件的境外机构投资者，取消额度限制，简化管理流程
2017年		推出"债券通"
2018年	9月	中国人民银行、财政部印发《全国银行间债券市场境外机构债券发行管理暂行办法》，明确"熊猫债"发行规则
		中国人民银行和中国证监会联合发布2018年第14号公告，就信用评级机构评级资质、评级方法体系、执法检查形成了统一监管框架
	12月	由中国证监会依法对银行间债券市场和交易所债券市场违法行为开展统一执法工作
2019年	4月1日起	彭博宣布将中国债券纳入彭博-巴克莱全球综合指数
	5月	中国人民银行、中国证监会联合发布《关于做好开放式债券指数证券投资基金创新试点工作的通知》，拟推出以跨市场债券品种为投资标的，可在交易所上市交易或在银行间市场协议转让债券指数公募基金

第四节　债券估值

一、债券估值的概述

考点1.原理
（1）基本原理：现金流贴现。

（2）主要步骤：现金流（本息）用贴现率贴现并求和，得到债券理论价格。

★**考点2.影响现金流的因素**
（1）债券<u>面值</u>：除少数本金逐步摊还的债券外，多数债券在到期日按面值还本。
（2）票面<u>利率</u>：每期利息=票面利率×付息间隔×债券面值。
（3）付息<u>间隔</u>：中长期债券通常每年付息一次，间隔越短，风险越小。
（4）债券<u>条款</u>：嵌入式期权有提前赎回/返售权、转股权、偿债基金条款等。
（5）税收待遇：<u>免税</u>债券（如<u>政府</u>债券）的价值更大。
（6）其他因素：<u>利率</u>类型（浮动/固定）、债券<u>币种</u>（单一/双币）等。

考点3.债券贴现率的确定
（1）定义：是投资者对该债券要求的<u>最低</u>回报率，也称<u>必要</u>回报率。
（2）公式：债券必要回报率=真实<u>无风险</u>收益率+预期<u>通货膨胀</u>率+<u>风险溢价</u>。

★**考点4.债券报价与结算**
（1）买卖报价：所报价格为每<u>100元</u>面值债券的价格。
①<u>净价</u>：不含应计利息的债券价格，单位为"元/百元面值"。
②<u>全价</u>：全价=<u>净价</u>+<u>应计利息</u>。
（2）债券结算：<u>全价</u>结算。

> 【例1·选择】债券全价报价等于（　　）。（2017年）
> A.现金流贴现值报价　　　　　　B.净价报价加累计应付利息
> C.净价报价　　　　　　　　　　D.净价报价减累计应付利息
> 【答案】B
> 【解析】全价等于净价报价加累计应付利息。

考点5.利息计算
（1）<u>短期</u>债券（全年天数为360天、半年为180天）。
①按实际天数（ACT）计算：ACT/360、ACT/180。
②按每月30天计算：30/360、30/180。
（2）<u>中长期</u>附息债券。
①计息规定：全年天数为<u>365</u>天。
②计息规则：按<u>实际</u>天数计算，<u>算头</u>不算尾、闰年2月<u>29日不计</u>利息。
（3）<u>贴现式</u>债券。
①计息规则：零息债券按照实际天数计算累计利息，闰年2月<u>29日也计</u>利息。
②公式：

$$应计利息额 = \frac{到期总付额 - 发行价格}{起息日至到期日的天数} \times 起息日至结算日的天数$$

★考点6.债券估值模型

（1）不含嵌入式期权的债券<u>理论价格</u>。

①公式：

$$P = \sum_{t=1}^{T} \frac{C_t}{(1+y_t)^t}$$

②式中：P——债券理论价格；

T——债券距到期日时间长短（通常按年来算）；

t——现金流到达的时间；

C——现金流金额；

y——贴现率（通常为年利率）。

（2）<u>零息债券</u>定价。

①公式：

$$P = \frac{FV}{(1+y_T)^T}$$

②式中：FV——零息债券的面值。

二、债券收益率

考点1.当期收益率

①定义：债券的<u>年利息</u>收入与买入债券的<u>实际价格</u>的比率。

②公式：

$$Y = \frac{C}{P} \times 100\%$$

③式中：Y——当期收益率；

C——每年利息收益；

P——债券价格。

★考点2.到期收益率（YTM）

①定义：使未来现金流现值<u>等于</u>当前<u>价格</u>的贴现率，即内部报酬率（IRR）。

②公式：

$$P = \sum_{t=1}^{T} \frac{C_t}{(1+y)^t}$$

<u>末笔</u>现金流是债券<u>到期偿还金额</u>。

③式中：P——债券价格；

C——现金流金额；

y——到期收益率；

T——债券期限（期数）；

t——现金流到达时间（期）。

考点3.即期利率

定义：指<u>零息利率</u>——零息债券到期收益率。它是用来进行现金流贴现的<u>贴现率</u>。

★考点4.持有期收益率

①定义：指<u>买入</u>债券到<u>卖出</u>债券期间所获得的年<u>平均</u>收益。

②公式：

$$P = \sum_{t=1}^{T} \frac{C_t}{(1+y_h)^t} + \frac{P_T}{(1+y_h)^T}$$

<u>末笔</u>现金流是<u>卖出价格</u>。

③式中：P——债券买入时价格；

P_T——债券卖出时价格；

y_h——持有期收益率；

C——债券每期付息金额；

T——债券期限（期数）；

t——现金流到达时间。

考点5.赎回收益率

①公式：

$$P = \sum_{t=1}^{n} \frac{C}{(1+y)^t} + \frac{M}{(1+y)^n}$$

②式中：P——发行价格；

n——到第一个赎回日年数；

M——赎回价格；

C——每年利息收益；

t——现金流到达的时间。

三、利率结构

考点1.利率的风险结构

（1）定义：相同期限和票面利率的债券反映在<u>收益率</u>上的区别。

（2）原因：不同发行人的发行<u>市场价格</u>不相同，因而收益率也不同。

（3）收益率差：反映了不同违约风险的风险溢价，即<u>信用利差</u>。

①经济<u>繁荣期</u>：<u>低等级</u>债券与<u>无风险</u>债券之间的收益率差通常比<u>较小</u>。

②经济<u>衰退期</u>：<u>信用利差</u>就会急剧<u>扩大</u>，导致<u>低等级</u>债券价格<u>暴跌</u>。

★考点2.利率的期限结构

（1）收益率曲线：不同期限的即期利率的组合所形成的曲线。

①图（a）：正向利率曲线，期限越长的债券利率越高。

②图（b）：反向利率曲线，期限越长的债券利率越低。

③图（c）：平直利率曲线，不同期限的债券利率相等。

④图（d）：拱形利率曲线，期限较短的债券呈正向关系；期限较长的债券呈反向关系。

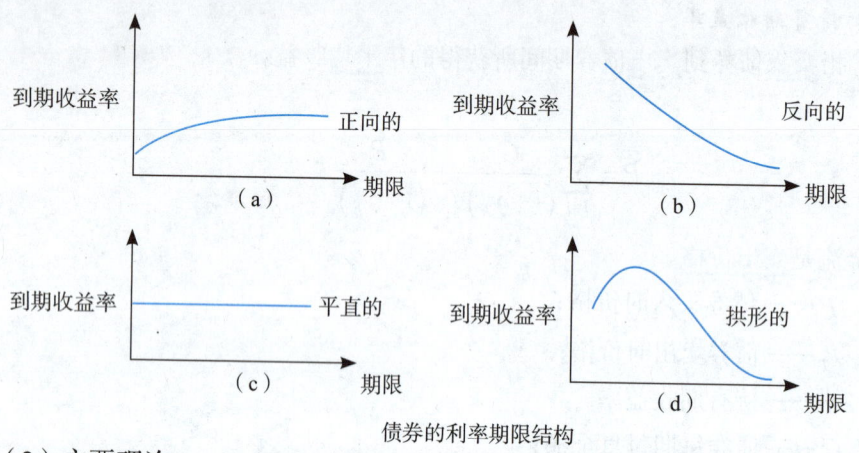

债券的利率期限结构

（2）主要理论。

①市场预期理论（无偏预期理论）：认为利率期限结构完全取决于对未来即期利率的市场预期。

②流动性偏好理论：长期债券不是短期债券的理想替代物，期限与流动性溢价成正比。

③市场分割理论：认为利率期限结构取决于短期与长期资金市场供求状况的比较。

第六章 证券投资基金

第一节 证券投资基金概述

一、证券投资基金的概念与特点

★ **考点1. 概念**

（1）定义：指通过向投资者募集资金，形成独立基金财产的一种集合投资方式。

（2）主体。

①基金管理人：专业投资机构进行基金投资与管理。

②基金托管人：资产托管。

③基金投资人：共享投资收益，共担投资风险。

考点2. 类型——按投资对象划分

（1）证券投资基金：投资股票、债券等具有较好流动性的金融证券。

（2）另类投资基金：投资未上市公司股权、不动产、黄金、大宗商品、衍生品等。

★★★ **考点3. 特点**

（1）集合理财，专业管理。

（2）组合投资，分散风险。

（3）利益共享，风险共担。

（4）严格监管，信息透明。

（5）独立托管，保障安全。

【例1·组合】目前，我国证券投资基金的基本特征主要有（　　）。（2017年）

　　Ⅰ.内部运作　　　　　　　　Ⅱ.专业管理

　　Ⅲ.组合投资　　　　　　　　Ⅳ.独立托管

A.Ⅰ、Ⅱ、Ⅲ、Ⅳ　　　　　　B.Ⅰ、Ⅲ、Ⅳ

C.Ⅱ、Ⅲ、Ⅳ　　　　　　　　D.Ⅰ、Ⅱ

【答案】C

【解析】证券投资基金作为一种利益共享、风险共担的集合投资方式，是通过公开发售基金份额来募集资金的，资金由基金托管人托管、基金管理人管理和运作，以资产组合方式为基金份额持有人的利益进行证券投资。其主要特征有：①集合理财，专业管理；②组合投资，分散风险；③利益共享，风险共担；④严格监管，信息透明；⑤独立托管，保障安全。

★考点4.证券投资基金与股票、债券的区别

区别	基金	股票	债券
经济关系	信托关系（除公司型基金）	所有权关系	债权债务关系
资金投向	间接投资金融工具	直接投资实体企业	
收益风险	适中	较大	较低

二、证券投资基金的分类

★★★考点1.主要分类

划分标准	基金类型
组织形式	契约型基金和公司型基金
运作方式	封闭式基金和开放式基金
投资标的	股票基金、债券基金、混合型基金、货币市场基金
投资目标	成长型基金、收入型基金、平衡型基金
投资理念	主动型基金和被动型基金
募集方式	公募基金和私募基金

【例2·选择】按基金的投资标的划分，证券投资基金可分为（   ）。(2016年)
A.债券基金、股票基金、货币市场基金
B.封闭式基金与开放式基金
C.成长型基金与收入型基金
D.契约型基金与公司型基金
【答案】A
【解析】按基金的投资标的划分，证券投资基金可分为债券基金、股票基金、货币市场基金等。B项，封闭式基金与开放式基金是按基金运作方式不同划分的；C项，成长型基金与收入型基金是按投资风格不同划分的；D项，契约型基金与公司型基金是按基金的组织形式不同划分的。

★★考点2.契约型基金和公司型基金

（1）契约型基金。
①设立依据：依据基金管理人和托管人之间所签署的基金合同设立。
②主要地位：目前我国的基金全部是契约型基金。
（2）公司型基金。
①设立依据：公司章程，是具有独立法人地位的股份投资公司。
②组织形式：股东→选举董事会→选聘基金管理公司→负责管理基金的投资业务。

（3）比较。

区别	契约型基金	公司型基金
资金性质	发行基金份额形成信托财产	发行普通股票形成法人资本
投资者地位	持有人为委托人、受益人	股东
营运依据	基金合同	公司章程

★★考点3. 封闭式基金和开放式基金

（1）封闭式基金。
①定义：指基金份额在存续期（>5年，一般10年或15年）内固定不变的基金。
②特点：可在证交所交易，但不得申请赎回。
（2）开放式基金。
①定义：指基金份额总额不固定的基金。
②特点：可在基金合同约定的时间和场所申购及赎回。
（3）比较。

区别	封闭式基金	开放式基金
期限不同	固定存续期	没有固定期限
规模限制	固定，封闭期内不能增加	没有限制
交易方式	不能赎回，只能在证交所交易	可申购赎回，一般不上市交易
价格形成	受市场供求影响，溢价或折价	不受供求影响，以净值为基础
激励约束	较弱	效果好规模扩大，效果差有赎回压力
投资策略	长期、全额投资	预留现金、重视流动性

★★考点4. 按基金的投资标的划分

（1）股票基金：80%以上的基金资产投资于股票的基金。
①特点：风险高，预期收益也高，比较适合长期投资。
②分类。

划分标准	分类
投资市场	国内股票基金、国外股票基金
股票性质	①价值型：股票收益稳定、价值被低估、安全性较高 ②成长型：股票收益增长速度快、未来发展潜力大 ③平衡型：同时投资于价值型股票和成长型股票

（2）债券基金：80%以上的基金资产投资于债券的基金。
①投资特点：风险较低，适合稳健型投资者。
②收益特点：与市场利率成反比，市场利率降低，收益增加；市场利率增高，收益减少。

（3）混合型基金：同时投资于股票与债券的基金。
①特点：资产配置比例不同，风险收益差异较大。
②种类。

类型	股票配置比例	债券配置比例
偏股型基金	较高	较低
偏债型基金	较低	较高
股债平衡型	均衡	
灵活配置型	根据市场情况进行灵活调整	

（4）货币市场基金：仅以货币市场工具（期限≤1年）为投资对象的基金。
①投资对象：银行短期存款、国库券、公司短期债券、银行承兑/商业票据等。
②主要特点：资本安全性高，通常被认为是低风险的投资工具。

考点5. 主动型基金和被动型基金
（1）主动型基金：通过积极的选股和择时，力图取得超越基准组合表现的基金。
（2）被动型基金：又称指数基金。
①定义：以特定指数作为跟踪对象，力图复制指数表现的基金。
②优势：管理费、交易费较低，同时可以有效降低非系统性风险。

★★考点6. 公募基金和私募基金
（1）公募基金：面向社会公众公开发售基金份额、募集资金而设立的基金。
①募集对象：不固定。
②投资金额：要求较低，适合中小投资者参与。
③监管较严：接受监管机构的监管并定期公开相关信息。
（2）私募基金：向特定合格投资者发售基金份额、募集资金而设立的基金。
①发行方式：非公开，不能进行公开发售和宣传推广。
②投资金额：金额较高，风险较大，监管机构对投资者的资格和人数会加以限制。
③投资范围：范围较广，在基金运作和信息披露方面所受的限制和约束较少。

★考点7. 交易所交易基金（ETF）
（1）定义：在交易所上市交易的、基金份额可变的指数型基金。
①投资对象：某一选定的指数所包含的成分证券。
②投资方法：完全复制或抽样复制，属于被动投资。
③主要类型：根据ETF跟踪的指数不同分为股票型ETF、债券型ETF等。

（2）运作特点：结合封闭式基金与开放式基金。

①封闭式：可在交易所二级市场进行买卖。

②开放式：可申购（一篮子股票换取ETF份额）、赎回（换回一篮子股票而不是现金）。

（3）交易制度：一级和二级市场并存→产生套利机会，使价格不会过度偏离净值。

①一级：机构投资者可以在交易时间内申购/赎回。

②二级：在证交所挂牌，买入申报量为100份或其整数倍，不足100份的可卖出。

（4）交易规定：最小申购、赎回份额。

①最小单位：30万份、50万份或100万份，以整数倍进行。

②一级市场：一般只有机构投资者才有实力参与实物申购与赎回交易。

考点8.上市开放式基金（LOF）

（1）定义：可以在场外市场和交易所进行基金份额申购、赎回的开放式基金。

（2）特点：可主动管理、以现金申购赎回、无规模限制、不会出现大幅度折价交易。

★★考点9.其他特殊类型基金

（1）保本基金：我国称为"避险策略基金"。

①特点：通过保本投资策略获得一定的投资本金和收益保证。

②目标：在锁定下跌风险的同时力争有机会获得潜在的高回报。

（2）分级基金：又称"结构型基金、可分离交易基金"。

①定义：将普通份额分为不同预期收益与风险的两类或多类份额并分离上市交易。

②组成。

a.基础份额→母基金份额。

b.A类份额→优先份额：预期风险收益较低的子份额。

c.B类份额→进取份额：预期风险收益较高的子份额。

（3）基金中基金（FOF）：以其他基金（基金份额在80%以上）为投资对象的基金。

（4）伞形（系列）基金：多个基金共用一个合同，子基金独立运作并可相互转换。

（5）QDII基金：QDII指合格境内机构投资者，是指在一国境内设立，经该国有关部门批准从事境外证券市场的股票、债券等有价证券投资的基金。

（6）养老目标基金：以追求养老资产的长期稳健增值为目的，鼓励投资人长期持有，采用成熟的资产配置策略，合理控制投资组合波动风险的公开募集证券投资基金。

【例3·选择】分级基金的低风险收益端份额又称为（　　）。（2017年）

A.价值份额　　　　　　　　B.进取份额

C.优先份额　　　　　　　　D.成长份额

【答案】C

【解析】分级基金分为低风险收益端（优先份额）和高风险收益端（进取份额）两类。

考点10.证券投资基金在我国的发展

（1）早期探索阶段（1990—1997年）。
（2）试点发展阶段（1998—2003年）。
（3）创新发展阶段（2004—2012年）。
（4）规范发展阶段（2013年至今）。

第二节　证券投资基金的运作与市场参与主体

一、证券投资基金的运作

考点1.基金运作概述

（1）运作环节：募集、管理、托管、登记与交易、估值与会计核算、信息披露等。
（2）主导（核心）位置：基金管理人。
①市场营销：基金份额的募集与客户服务。
②投资管理：体现了管理人的价值。
③后台管理：包括注册登记、资产估值、会计核算、信息披露等，以保证基金的安全运作。

考点2.证券投资基金的运作关系

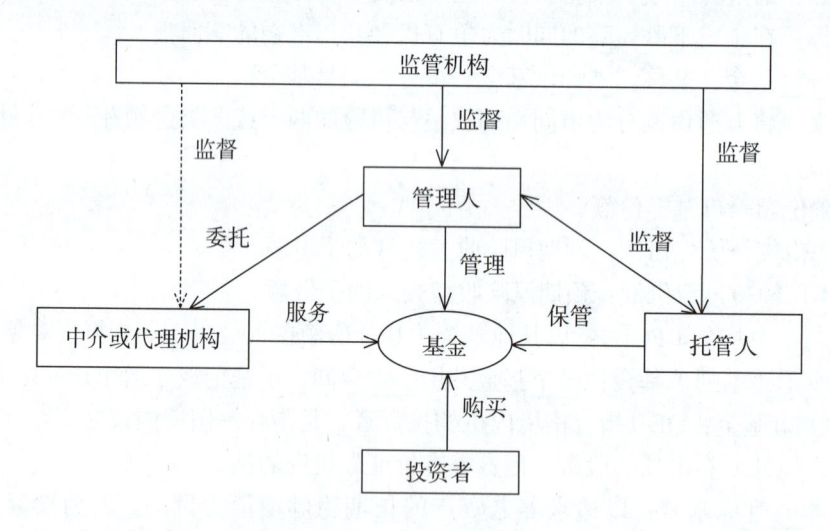

```
                    监管机构
         监督         ↓监督         监督
          ↓         管理人          ↓
          |       ↗   ↓   ↘        |
         委托           管理       监督
          ↓    服务              保管
     中介或代理机构 → 基金 ← 托管人
                     ↑
                    购买
                     |
                   投资者
```

★考点3.基金投资风险管理

（1）外部风险：
①类型：市场风险、政策风险等系统性风险，信用风险、经营风险等非系统性风险。
②特点：非系统性风险能通过分散投资降低，系统性风险不能通过分散投资来降低。

（2）内部风险：
①类型：基金管理人的合规风险、操作风险和职业道德风险等。
②特点：多属于非系统性风险，采取针对性措施→有效控制。

二、基金市场参与主体

★考点1. 基金当事人
（1）份额持有人：是基金一切活动的中心。
①地位：基金的出资人、基金资产的所有者和基金投资收益的受益人。
②权利：剩余基金财产分配、召开持有人大会、查阅公开披露的基金信息资料等。
（2）基金管理人：基金的募集者和管理者，在整个基金的运作中起着核心的作用。
①职责：投资管理、产品设计、基金营销、注册登记、基金估值、会计核算等。
②机构：我国只能由依法设立的基金管理公司承担。
（3）基金托管人。
①职责：负责资产保管、资金清算、会计复核以及对投资运作的监督等。
②机构：我国只能由依法设立并取得基金托管资格的商业银行或其他金融机构承担。

★考点2. 基金市场服务机构
（1）基金销售机构：受基金管理公司委托从事基金代理销售业务的机构。
①机构：商业银行、证券/保险公司、证券投资咨询/独立基金销售机构等。
②渠道：我国以商业银行、证券公司为主。
（2）基金销售支付机构：在中国证监会备案并取得中国人民银行的支付业务许可。
（3）基金份额登记机构：负责基金份额登记、存管、清算和交收业务的机构。
（4）基金估值核算机构：从事基金估值、会计核算及相关信息披露等活动的机构。
（5）基金投资顾问机构：向基金投资者提供基金投资咨询、建议服务的机构。
（6）基金评价机构：对基金管理人、基金绩效进行评价，应向基金业协会申请注册。
（7）基金信息技术系统服务机构：信息系统运营维护、安全保障电子商务平台等。
（8）其他服务机构：律师事务所和会计师事务所为基金提供法律和会计服务。

考点3. 基金的监管机构和自律组织
（1）监管机构：国务院证券监督管理机构——中国证监会。
（2）自律组织。
①基金行业自律组织：中国证券投资基金业协会。
②证券交易所：对基金的投资交易行为承担监控管理职责。

第三节 基金的募集、申购、赎回与交易

一、基金的募集与认购

★考点1. 基金的募集

拟募集基金应当具备下列条件。

（1）有明确、合法的投资方向。

（2）有明确的基金运作方式。

（3）符合中国证监会关于基金品种的规定。

（4）基金合同、招募说明书等法律文件草案符合法律、行政法规和中国证监会的规定。

（5）基金名称表明基金的类别和投资特征，不存在损害国家利益、社会公共利益、欺诈、误导投资者，或者其他侵犯他人合法权益的内容。

（6）招募说明书真实、准确、完整地披露了投资者作出投资决策所需的重要信息，不存在虚假记载、误导性陈述或者重大遗漏，语言简明、易懂、实用，符合投资者的理解能力。

（7）有符合基金特征的投资者适当性管理制度，有明确的投资者定位、识别和评估等落实投资者适当性安排的方法，有清晰的风险警示内容等。

★考点2. 基金的募集步骤

（1）申请。向中国证监会提交申请报告、基金合同/托管协议/招募说明书草案、法律意见书等。

（2）注册：自受理公募基金注册申请之日起6个月内作出决定。

①简易程序：对股票/混合/债券/指数/货币/QDII基金、ETF等的审查≤20个工作日。

②普通程序：对分级基金等注册审查时间≤6个月。

（3）发售：自收到核准文件之日起6个月内进行。

①募集期限：自基金份额发售日开始计算，募集期限不得超过3个月。

②公布文件：在基金份额发售的3日前公布招募说明书、基金合同等。

（4）合同生效。

①基金规模：份额总额≥2亿份，募集金额≥2亿元。

②持有人数：≥200人，自募集期限届满之日起10日内聘请法定验资机构验资。

③募集失败：管理人以固有财产承担，期限届满后30日内返还投资者已缴纳的款项。

★考点3. 开放式基金的认购

（1）步骤。

①开户：基金账户由注册登记人开立、资金账户在代销银行/证券公司开立。

②认购：在募集期内可多次认购，已经正式受理的认购申请不得撤销。
③确认：T日申请，T+2日查询受理情况，募集期结束后才能确认。
（2）方式：金额认购，按认购价格将认购金额换算成基金份额。
（3）费率：股票型基金为1%～1.5%，债券型基金为1%以下，货币市场基金不收取。
①前端收费：在认购基金份额时就支付认购费用的付费模式。
②后端收费：认购基金份额时不收费，在赎回基金份额时才支付认购费用。

★ 考点4.开放式基金的申购、赎回
（1）概念。
①申购：投资者在开放式基金合同生效后，申请购买基金份额的行为。
②赎回：指基金份额持有人要求基金管理人购回其所持有的开放式基金份额的行为。
（2）场所：与认购一样。
①直销中心：基金管理人。
②代销网点：基金销售代理人。
（3）认购与申购的区别。

区别	认购	申购
费率	低	高
价格	1元/份	未知
份额	在合同生效时确认	在T+2日内确认
赎回	封闭期后	确认后的下1个工作日

（4）申购、赎回的原则："金额申购、份额赎回"。
①货币基金：固定价格为1元/份。
②一般开放式基金：股票基金、债券基金、混合基金等，是"未知价"交易。
（5）费用。
①申购费用：对于持有期低于3年的投资人，不得免收其后端申购费用。
②赎回费用：持有时间越长，适用的赎回费率越低。
③销售服务费：货币市场基金（申购和赎回费为0）≤基金财产的0.25%。

考点5.开放式基金份额的转换、非交易过户与转托管
（1）转换：指投资者将其所持有的某一只基金份额转换为另一只基金份额的行为。
（2）非交易过户。
①定义：将基金份额从某一投资者基金账户转移到另一投资者基金账户的行为。
②方式：继承、捐赠、司法强制执行等。
（3）转托管：指将托管在某一交易账户中的基金份额转出并转入另一交易账户。
（4）冻结与解冻：由注册登记机构直接受理。
①基金份额冻结期间，冻结部分不能进行除份额解冻、基金收益分配之外的基金交易。

②对于同一基金份额，当事人同时提交份额解冻或冻结申请和一般申购、赎回交易申请时，注册登记机构将优先处理基金份额冻结与解冻申请。

★考点6.封闭式基金的交易规则
（1）开立账户：深、沪证券账户或深、沪基金账户及资金账户。
（2）交易时间：周一至周五9：30～11：30、13：00～15：00。
（3）交易原则：价格优先、时间优先。
（4）申报价格：最小变动单位→0.001元。
（5）申报数量：100份或其整数倍，单笔最大数量<100万份。
（6）交易限制：10%的涨跌幅限制（与A股一样）。
（7）基金交割：交易后T+1进行基金交割和资金交收（与A股一样）。

★考点7.封闭式基金的交易费用
（1）交易佣金：≤成交金额的0.3%，起点5元，由证券公司向投资者收取。
①深交所：佣金不得低于代收的证券交易监管费和证券交易经手费。
②上交所：无此规定。
（2）印花税：不收取。

第四节 基金的估值、费用与利润分配

一、基金资产估值

考点1.概念
（1）定义：指对基金的全部资产及所有负债进行估算，以确定基金资产的公允价值。
（2）公式。
①基金资产净值＝基金资产总值－基金负债。
②基金份额净值＝基金资产净值÷基金总份额。
【注意】基金份额净值：计算投资者申购、赎回的基础及评价投资业绩的基础指标。

★★考点2.基金资产估值需考虑的因素
（1）估值频率。
①开放式基金：每个交易日估值，并不晚于下一交易日公告份额净值。
②封闭式基金：每个交易日估值，但每周披露一次基金份额净值。
（2）其他因素：交易价格的公允性、估值方法的一致性及公开性。

考点3.我国基金资产估值的原则
（1）责任主体：基金管理人对资产估值、基金托管人复核估值及净值计算结果。

（2）基本原则。
①对存在活跃市场的投资品种采取其相同资产或负债报价。
②对不存在活跃市场的投资品种采取可利用数据/估值技术。
③发生重大事件对前1估值日净值影响＞0.25%的须调整估值。

二、基金的费用

考点1. 费用种类

（1）销售过程：由基金投资者承担申购（认购）费、赎回费及基金转换费等。
（2）管理过程：由基金资产承担管理费、托管费、持有人大会费、信息披露费等。
【注意】可从基金财产中列支的费用。
①基金管理人的管理费、基金托管人的托管费。
②基金合同生效后的会计师费和律师费。
③基金份额持有人大会费用、基金的证券交易费用等。

★考点2. 基金费用计提

基金费用计提包括基金管理费、基金托管费和基金销售服务费。
（1）方式：按前一日基金资产净值的一定比例逐日计提，按月支付。
（2）费率。

类型	年管理费率	年托管费率	销售服务费
股票型基金	1.5%	0.25%	—
指数型基金	0.5%～1.0%	0.1%～0.25%	—
债券型基金			0.25%～0.35%
货币市场基金	0.33%	0.1%	

考点3. 基金交易费

（1）证券公司收取：佣金。
（2）登记公司或交易所收取：印花税、过户费、经手费、证管费等。
【注意】参与银行间债券交易的还须缴纳以下费用。
①向中央国债登记结算有限责任公司支付银行间账户服务费。
②向全国银行间同业拆借中心支付交易手续费等服务费用。

★考点4. 基金运作费

（1）定义：为保证基金正常运作而发生的应由基金财产承担的费用。
（2）种类：审计/律师/上市年费/信息披露/分红手续/持有人大会/开户/汇划手续费。

考点5. 不列入基金管理过程中发生费用的项目
（1）管理人和托管人因未履行或未完全履行义务导致的费用支出或基金财产损失。
（2）基金管理人和基金托管人处理与基金运作无关的事项发生的费用。
（3）基金合同生效前的相关费用：验资费、会计师和律师费、信息披露费等。

三、基金利润与利润分配

考点1. 基金利润
（1）定义：指基金在一定会计期间的经营成果。
（2）来源：基金收入减去基金费用后的净额、公允价值变动损益等。

考点2. 基金收入
（1）利息收入：债券/资产支持证券/存款利息收入、买入返售金融资产收入等。
（2）投资收益：股票/债券/资产支持证券/基金投资收益、衍生工具/股利收益等。
（3）其他收入：赎回费−基本手续费后的余额、手续费返还、ETF替代损益、赔偿款项等。

考点3. 公允价值变动损益
（1）定义：指公允价值变动形成的应计入当期损益的利得或损失。
（2）公允价值：基金持有的采用公允价值模式计量的交易性金融资产和负债。

★考点4. 基金利润分配
（1）封闭式基金。
①收益分配：每年≥1次。
②分配比例：≥基金年度已实现收益的90%。
③分配限制：分配后基金份额净值≥面值。
④分红方式：只能采用现金方式。
（2）一般开放式基金。
①现金分红：最普遍（默认），管理人以投资者持有基金份额数量的多少分配利润。
②红利再投资：将投资人应分配的净利润折算为等值的新的基金份额计入其基金账户。
（3）货币市场基金：每日按照面值进行报价。
①方式：在基金合同中约定为红利再投资，并应每日进行收益分配。
②时间：当日申购（赎回）的份额自下1个工作日起享有（不享有）分配权益。

四、基金的税收

考点1. 基金自身投资活动产生的税收
（1）增值税：纳税人为管理人（运用基金买卖股票、债券转让收入免征增值税）。

（2）印花税：单向征收→卖出股票征收（0.1%的税率），买入交易不征收。
（3）所得税：包括股权/债券利息收入等，不征收企业所得税，个人所得税税率20%。

考点2. 基金投资者投资基金的税收
（1）机构投资者投资基金的税收。
①买卖基金份额属于金融商品转让。
a.增值税：按销售额（卖出价-买入价）计征。
b.印花税：暂免征。
c.所得税：差价收入征收企业所得税，基金分配收入不征收企业所得税。
②资产管理产品：购入基金、信托、理财产品等，不属于金融商品转让。
（2）个人投资者投资基金的税收。
①买卖基金份额：免征增值税、印花税。
②个人所得税：基金分配收入、申购和赎回基金份额的差价收入不征收。

第五节 基金的管理

一、基金的投资理念与投资风格

考点1. 投资理念
投资理念从其本质上说就是指，投资者对投资目的的认识和对投资方法的认知。包含以下两个层面。
（1）为什么要投资，即投资的目的是什么。
（2）怎样投资，即投资的方法是什么。

考点2. 投资风格
基金投资风格是指基金经理在资产组合管理过程中所采用的某一特定方式或投资目标，是严格按照承诺对资产进行配置以获取预期收益的投资战略或计划。

二、基金的投资管理

★★★考点1. 基金投资管理过程
（1）研究部门提供研究报告。
（2）投资决策委员会决定基金总体投资计划。
（3）基金经理拟定投资组合具体方案。
（4）交易部门依据基金经理的投资指令执行交易。

★考点2. 基金投资风险管理
（1）外部风险：按照是否可以通过分散投资来降低风险的标准，可以将外部风险划分为系统性风险和非系统性风险。

（2）内部风险：主要指来自基金管理人方面的风险，是指基金管理人在基金管理过程中产生的风险。

三、基金的业绩评估

考点1. 基金业绩评估的考虑因素

（1）投资目标与范围：投资目标与范围不同的基金，其投资策略、业绩比较基准可能不同。

（2）基金风险水平：根据风险报酬理论，投资收益是由投资风险驱动的，风险越大，所要求的报酬率就越高。

（3）基金规模：与小规模基金相比，规模较大的基金的平均成本更低；规模较大的基金可以有效地减少非系统性风险。

（4）时期选择：同一基金在不同时间段内的表现可能有很大的差距，业绩评价时需要计算多个时间段的业绩。

★★考点2. 基金业绩评价指标

（1）特雷诺指数。

1965年，由杰克·特雷诺提出，利用单位系统性风险所获得的超额收益率来衡量投资基金的业绩。特雷诺指数越大，基金的绩效表现越好。

①公式：

$$T_i = \frac{\overline{R}_i - \overline{R}_f}{\beta_i}$$

②式中：T_i——特雷诺绩效指标；

$\overline{R}_i$——i 基金在样本期内的平均收益率；

$\overline{R}_f$——样本期内的平均无风险收益率；

$\overline{R}_i - \overline{R}_f$——$i$ 基金在样本期内的平均风险溢酬；

β_i——i 基金投资组合所承担的系统风险。

（2）夏普指数。

1966年，由威廉·夏普提出，用单位总风险的超额收益率来评价基金业绩。夏普指数越大，表示基金绩效越好。

①公式：

$$S_i = \frac{\overline{R}_i - \overline{R}_f}{\sigma_i}$$

②式中：S_i——夏普绩效指标；

$\overline{R}_i$——i 基金在样本期内的平均收益率；

$\overline{R}_f$——样本期内的平均无风险收益率；

$\overline{R}_i - \overline{R}_f$——$i$ 基金在样本期内的平均风险溢酬；

σ_i——i 基金收益的标准差，即基金投资组合所承担的总风险。

（3）詹森指数。

1968年，由迈克尔·詹森提出，是一种以资本资产定价模型为基础的评价基金业绩的绝对指标，通常被称为詹森α，是一种在风险调整基础上的绝对绩效度量方法。

①公式：

$$\alpha_j = \overline{R}_i - \left[\overline{R}_f + \beta_{im}\left(\overline{R}_m - \overline{R}_f\right)\right]$$

②式中：α_j——詹森绩效指标；

$\overline{R}_i$——i基金在样本期内的平均收益率；

$\overline{R}_f$——样本期内的平均无风险收益率；

$\overline{R}_m$——市场平均收益率。

③结果。

$\alpha_j = 0$，基金组合的收益率与处于相同风险水平的被动组合的收益率不存在显著差异。

$\alpha_j > 0$，基金表现优于市场指数表现。

$\alpha_j < 0$，基金表现弱于市场指数表现。

第六节 证券投资基金的监管与信息披露

一、基金监管

考点1. 概述

（1）含义：指监管部门运用行政手段，对基金市场参与者行为进行的监管。

（2）作用：维护证券市场的良好秩序、提高市场效率、保护基金份额持有人利益。

考点2. 目标

（1）保护合法权益：投资人及相关当事人。

（2）规范基金活动：保证市场的公平、效率和透明，降低系统风险。

（3）促进健康发展：证券投资基金和资本市场。

★考点3. 基金监管机构和自律组织

（1）中国证监会：基金市场的监管主体，监管市场参与者的行为。

（2）基金业协会：证券业的自律性组织，对基金业实施行业自律管理。

（3）证券交易所：组织基金的上市交易，并监督信息披露，实施自律管理。

考点4. 对基金机构的监管内容

（1）监管对象：基金管理人、基金托管人、基金销售机构等。

（2）注册资本：基金管理公司≥1亿元，必须为实缴货币资本。

（3）管理机构：公募基金管理人只能由基金管理公司/中国证监会核准的机构担任。
（4）托管机构：基金托管人由依法设立的商业银行或者其他金融机构担任。
（5）服务机构：销售/估值/顾问等按中国证监会规定进行注册或备案。

★★考点5.对公募基金的监管
（1）基金募集：必须在中国证监会注册并备案。
（2）销售活动。
①适用性管理：基金管理人、基金产品、基金投资者等。
②基金宣传推介资料的管理。
a.管理人：高管和督察长→出具合规意见书→5个工作日内→主要经营活动地证监会备案。
b.销售机构：高管→出具合规意见书→5个工作日内→工商注册登记地证监会备案。
（3）投资与交易行为。
①基金财产：应当用于上市交易的股票、债券以及中国证监会规定的证券品种。
②投资对象：股票、国债/企业债/金融债、货币市场工具、资产支持证券等。
（4）信息披露：保证真实性、准确性与完整性。
【注意1】基金财产不得用于下列投资和活动。
①禁止投资：无限责任投资、买卖其他基金份额、向其管理人/托管人出资。
②禁止活动：承销证券、向他人贷款/提供担保、内幕交易、操纵证券价格等。
【注意2】基金管理人运用基金财产进行证券投资，不得有下列情形。
①基金总资产：超过基金净资产的140%。
②一只基金：持有市值（1家公司证券/其他基金）＞资产净值的10%。
③基金中基金：持有其他单只基金市值＞资产净值的20%，或投资于其他FoF。
④同一管理人：持有一家公司发行的证券＞该证券的10%。
⑤单只基金：申购股票的申报金额＞基金总资产、申报数量＞拟发行总量。

二、基金信息披露

考点1.概述
（1）义务人：基金管理人、基金托管人、召集持有人大会的基金份额持有人等。
（2）作用。
①培育和完善市场运行机制。
②防止利益冲突与利益输送。
③增强参与者对市场的信心。

★考点2.禁止性规定
（1）虚假记载、误导性陈述或者重大遗漏。
（2）对基金的证券投资业绩进行预测。

（3）违规承诺收益或者承担损失。
（4）诋毁其他基金管理人、托管人或者基金销售机构。
（5）登载任何自然人、法人或其他组织的祝贺性、恭维性或推荐性的文字。

★ 考点3.分类
（1）募集信息。
①首次募集：基金份额发售前至基金合同生效期间。
a.发售前：基金合同、招募说明书、基金托管协议、基金份额发售公告等。
b.生效期：基金管理人在指定报刊和网站上编制并披露基金合同生效公告。
②存续期募集。
（2）运作信息：合同生效后至基金合同终止前。
①披露信息：上市交易、投资运作及经营业绩等。
②披露文件。
a.基金公告：基金份额上市交易公告书（封闭式基金）、基金净值公告。
b.定期报告：年度→会计年度结束后90日内、半年度→60日内、季度→15日内。
（3）临时信息：在重大事件发生之日起2日内编制并披露临时报告书。

第七节　非公开募集证券投资基金

一、非公开募集证券投资基金（私募基金）的管理

★★ 考点1.基本规范
（1）合格投资者：人数累计≤200人。
（2）宣传限制：采用报刊/电视/互联网等公众传媒或讲座/报告会/分析会等方式。
（3）组织形式：公司型、合伙型、契约型。
【注意】合格投资者的条件。
①金额：投资单只私募基金≥100万元。
②单位：净资产≥1 000万元。
③个人：金融资产≥300万元或最近3年个人年均收入≥50万元。
④其他：社会保障基金、企业年金等养老基金，慈善基金等社会公益基金。

★ 考点2.私募基金的募集
（1）条件。
①在基金业协会办理私募基金管理人登记的机构。
②在中国证监会取得基金销售业务资格并已成为基金业协会会员的机构。
③其他任何机构和个人不得从事私募基金的募集活动。
（2）程序。
①特定对象：投资者的评估结果有效期最长不得超过3年。

②适当匹配：推介与投资者风险识别和承担能力相匹配的产品。
③确认对象：基金风险揭示→合格投资者确认→投资冷静期（不少于24小时）。
④回访确认：冷静期满后以电话、电邮等方式回访，确认成功前可解除基金合同。

★考点3.私募基金的信息披露
（1）定义：管理人按基金业协会指定的备份平台报送信息，投资者可登录平台查询。
（2）内容：基金合同、招募说明书、投资/资产负债情况、费用、业绩、利益冲突等。

【注意】私募基金信息披露的有关规定。
①每年结束之日起4个月内：披露期末净值、财务/投资运作/收益分配情况等。
②每季度结束之日起10个工作日内：披露基金净值、主要财务指标及投资组合情况等。
③每月结束之日起5个工作日内：披露基金净值，单只私募基金管理规模＞5 000万元。

第七章 金融衍生工具

第一节 金融衍生工具概述

一、金融衍生工具的主要内容

考点1. 概念

（1）定义：指建立在基础金融产品上且价格取决于其价格变动的派生金融产品。
（2）分类。
①独立衍生工具：如远期合同、期货合同、互换合同、期权合同等。
a.价值变动：跟随特定变量变动，包括利率、金融工具价格、汇率、信用等级等。
b.其他特点：不要求初始净投资，在未来的某一日期结算。
②嵌入式衍生工具：指嵌入非衍生工具中，使混合工具的现金流量跟随变量变动。

★★★**考点2. 基本特征**

（1）跨期性：交易双方约定在未来某一时期按一定条件进行交易或选择是否交易。
（2）杠杆性：支付少量的保证金或权利金就可签订大额合约，具有高风险性和高投机性。
（3）联动性：衍生品价值与基础产品或基础变量紧密联系、规则变动。
（4）不确定性：交易后果取决于对基础工具未来价格的预测和判断的准确程度。

> 【例1·选择】金融衍生工具的基本特征不包括（　　）。（2017年）
> A.保值性　　　　　　　　B.跨期性
> C.杠杆性　　　　　　　　D.联动性
> 【答案】A
> 【解析】金融衍生工具有以下特征：联动性、杠杆性、跨期性、高风险性或不确定性。

【注意】金融衍生工具伴随的几种风险。
①信用风险：交易中对方违约，没有履行承诺造成损失。
②市场风险：资产或指数价格不利变动可能带来的损失。
③流动性风险：因市场缺乏交易对手而导致投资者不能平仓或变现。
④结算风险：因交易对手无法按时付款或交割而造成。
⑤操作风险：因交易或管理人员的人为错误或系统故障、控制失灵而造成。
⑥法律风险：因合约不符合所在国法律，无法履行或合约条款遗漏及模糊导致。

考点3. 发展动因
（1）最基本原因：避险。
（2）重要原因：金融机构的利润驱动。
（3）物质基础：新技术革命。
（4）金融自由化：推动发展。
①利率自由化：取消对存款利率的最高限制。
②银行综合化：允许各金融机构业务交叉、互相自由渗透。
③管制放松化：外汇、金融市场、资本流动等。

★考点4. 发展现状
（1）交易场所：以场外交易为主。
（2）基础产品：利率衍生品的名义金额最大，且利率互换是最大的单个衍生品种。
（3）产品形态：收益对称性>收益不对称的期权类产品。
（4）整体趋势：场外衍生品→下降，场内衍生品→大幅增长。

二、金融衍生工具的分类

★考点1. 主要分类

划分标准	类型
产品形态	独立衍生工具、嵌入式衍生工具
交易方式	金融远期合约、期货、期权、互换、结构化金融衍生工具
基础工具	股权类产品、货币、利率、信用衍生工具等
交易场所	交易所、场外交易市场（OTC）交易的衍生工具

【注意】1973年，芝加哥期权交易所（CBOE）成立，这是全球第一家期权交易所。

★★考点2. 按金融衍生工具自身交易的方式及特点分类
（1）金融远期。
①定义：指交易双方在场外市场协商，约定在交割日买卖某种标的的金融资产。
②类型：远期利率协议、远期外汇合约、远期股票合约。
（2）金融期货。
①定义：指交易双方在集中的交易场所以公开竞价方式进行的标准化合约的交易。
②类型：货币期货、利率期货、股票指数期货、股票期货、通货膨胀指数期货等。
（3）金融期权。
①定义：指买方支付期权费后享有在约定日期内按确定价格买卖某种金融工具的权利。
②类型：现货期权和期货期权。

（4）金融互换。
①定义：指两个/以上当事人共同商定在约定时间内定期交换现金流的金融交易。
②类型：货币互换、利率互换、股权互换、信用违约互换等。
③用途：改变交易者资产或负债的风险结构（如利率或汇率结构），从而规避风险。
（5）结构化金融衍生工具。
①定义：通过建构模块工具（上述4种工具）与基础金融工具结合开发的产品。
②类型：挂钩不同标的资产的理财产品、挂钩收益凭证、结构化票据。

★★★ 考点3. 按照基础工具种类分类
（1）股权类产品的衍生工具。
①定义：以股票或股票指数为基础工具。
②类型：股票期货、股票期权、股票指数期货、股票指数期权、上述混合交易合约。
（2）货币衍生工具。
①定义：以各种货币作为基础工具。
②类型：远期外汇合约、货币期货、货币期权、货币互换、上述混合交易合约。
（3）利率衍生工具。
①定义：以利率或利率的载体为基础工具。
②类型：远期利率协议、利率期货、利率期权、利率互换、上述混合交易合约。
（4）信用衍生工具。
①定义：以基础产品所蕴含的信用或违约风险为基础变量，用于防范信用风险。
②类型：信用互换、信用联结票据、信用风险缓释合约、信用风险缓释凭证等。
（5）其他衍生工具。
①定义：在非金融变量的基础上开发的。
②类型：天气期货管理气温变化风险、政治期货管理政治风险、巨灾衍生品管理巨灾风险。

第二节　金融远期、期货与互换

一、远期交易、期货交易与互换交易

考点1. 定义
（1）现货交易：以现款买现货方式进行交易，"一手交钱、一手交货"。
（2）远期交易：双方约定在未来某时刻按照现在确定的价格进行交易。
（3）期货交易：双方在集中的交易场所以公开竞价方式进行的标准化合约的交易。

★★ 考点2. 金融远期合约
（1）定义：最基础的衍生品，按约定价格在未来约定日买卖某种标的金融资产。
（2）分类。

① 远期合约。
  a. 股权类：单个股票、一篮子股票和股票价格指数的远期合约。
  b. 债权类：定期存款单、短期/长期债券、商业票据等固定收益证券的远期合约。
② 远期协议。
  a. 利率：指在未来某一日交换协议期内的利息（买方用合同利率、卖方用参考利率）。
  b. 汇率：指按约定汇率，在约定的未来日期买卖约定数量的某种外币。

★考点3. 金融期货与金融现货比较

区别	金融期货交易	金融现货交易
交易对象	金融期货合约	具体形态的金融工具
交易目的	风险管理	筹资/投资
交易价格	未来价格	实时价格
交易方式	保证金交易和逐日盯市制度	成交后几个交易日内全额结算
结算方式	反向交易、对冲平仓	到期交割交收

【注意】金融期货的主要交易制度。
① 集中交易制度、对冲机制、大户报告制度、限仓制度、强行平/减仓制度。
② 逐日盯市制度：无负债每日结算制度。
③ 每日价格波动：股指期货为±10%、5年（10年）期国债期货为±1.2%（2%）。

考点4. 金融期货交易与普通远期交易比较

区别	期货交易	远期交易
交易场所	有组织的交易所	场外市场
组织形式	集中交易	双边交易
监管程度	较强，监管机构≥1家	较弱
合约性质	标准化，交易所确定	较灵活，协商确定
违约风险	较低，保证金、每日结算制度	存在一定风险

★★考点5. 金融期货的种类
（1）外汇期货：又称货币期货，是最先产生的品种，用于规避外汇风险。
（2）利率期货：债券期货（以国债期货为主）和主要参考利率期货。
（3）股权类期货：以单只股票、股票组合或者股票价格指数为基础资产。

★★考点6. 金融期货的基本功能
（1）套期保值：在现货与期货市场建立相反的头寸，以锁定未来现金流或公允价值。

类型	交易者	担心将来现货价格	期货合约
多头	持有现货空头	上涨	买入
空头	持有现货多头	下跌	卖出

（2）价格发现：通过集中竞价形成期货价格，能反映出未来商品价格的变动趋势。
（3）投机功能：利用对未来期货价格走势的预期进行投机交易。

区别	现货市场投机	期货市场投机
清算制度	股票市场，T+1	T+0，日内投机
杠杆率	较低，无保证金	较高，放大盈亏

（4）套利功能：利用同一合约在不同市场上的短暂价格差异赚取价差。

类型	股指期货价格	股指期货	指数组合
正套	高于理论值	做空	买入
反套	低于理论值	买入	做空

考点7. 互换的种类

（1）人民币利率互换：按约定的人民币本金和利率计算利息并进行利息交换。
①参考利率。
a. 上海银行间同业拆放利率（SHIBOR，含隔夜、1周、3个月期等）。
b. 国债回购利率（7天），1年期定期存款利率。
②互换期限：7天~3年，交易双方协商确定付息频率、计息方式等。
（2）信用违约互换（CDS）：发生违约事件时由信用保护出售方向购买方支付赔偿。

第三节 金融期权与期权类金融衍生产品

一、金融期权的概述

★★考点1. 特征

（1）定义：是指以金融工具或金融变量为基础工具的期权交易形式。
（2）功能：套期保值、发现价格、投机、盈利。
（3）比较。

区别	金融期权	金融期货
基础资产	较多	较少
权利义务	买方只有权利、卖方只有义务	对称
履约保证	只有卖方缴纳保证金	双方均要缴纳保证金

续表

区别	金融期权	金融期货
现金流转	除到期履约外**不发生**	因价格变动**发生**
潜在盈亏	买方亏损有限、盈利无限 卖方亏损无限、盈利有限	双方盈利和亏损**都无限**
保值作用	**执行**期权→避免损失 **放弃**期权→保护利益	避免造成损失**同时**放弃获得收益

【例1·组合】金融期货与金融期权的不同之处包括（　　）。（2016年）
Ⅰ.履约保证不同
Ⅱ.现金流转不同
Ⅲ.盈亏特点不同
Ⅳ.交易者权利与义务的对称性不同
A.Ⅰ、Ⅲ　　　　　　　　　　B.Ⅰ、Ⅱ、Ⅲ
C.Ⅱ、Ⅲ、Ⅳ　　　　　　　　D.Ⅰ、Ⅱ、Ⅲ、Ⅳ
【答案】D
【解析】金融期货与金融期权的区别包括以下几点：①基础资产不同；②交易者权利与义务的对称性不同；③履约保证不同；④现金流转不同；⑤盈亏特点不同；⑥套期保值的作用与效果不同。

★★ 考点2.分类

划分标准	主要类型
选择权的性质	认购期权（看**涨**行使**买**入权）、认沽期权（看**跌**行使**卖**出权）
合约履行时间	**欧式**于到期日、**美式**于到期前**任**一日、**百慕大**于到期前**规定**日期
基础资产性质	**股权**类期权、**利率**期权、**货币**期权、**期货**合约期权、**互换**期权

【例2·组合】（　　）指期权的买方具有在约定期限内按协定价格卖出一定数量基础金融工具的权利。
Ⅰ.看涨期权
Ⅱ.认购权
Ⅲ.看跌期权
Ⅳ.认沽权
A.Ⅰ、Ⅳ　　　　　　　　　　B.Ⅱ、Ⅲ
C.Ⅲ、Ⅳ　　　　　　　　　　D.Ⅰ、Ⅱ
【答案】C
【解析】看跌期权也被称为"认沽权"。

考点3. 主要风险指标
（1）Delta值：反映期权标的证券价格变化对期权价格的影响程度。
（2）Gamma值：反映期权标的证券价格变化对Delta值的影响程度。
（3）Rho值：反映无风险利率变化对期权价格的影响程度。
（4）Theta值：反映到期时间变化对期权价值的影响程度。
（5）Vega值：反映合约标的证券价格波动率变化对期权价值的影响程度。

★考点4. 我国主要期权品种
（1）50ETF期权：上交所→于2015年2月9日上市。
①单日买入开仓限额：等于总持仓限额的2倍，最大不超过1万张。
②单笔申报最大数量：等于30张，市价申报的单笔申报最大数量为10张。
（2）场外期权：证券公司在机构间市场或在柜台的期权交易。

二、权证

考点1. 定义
（1）概念：权证是基础证券发行人或其以外的第三人（简称发行人）发行的，约定持有人在规定期间内或特定到期日，有权按约定价格向发行人购买或出售标的证券，或以现金结算方式收取结算差价的有价证券。
（2）发行人：基础证券发行人或第三人。
（3）持有人：有权向发行人买卖标的证券或收取结算差价的有价证券（现金结算）。
（4）属性：是一种期权类金融衍生品。
（5）要素：权证类别、标的、行权价格/日期/结算方式/比例、存续时间。

★★考点2. 分类

划分标注	分类
基础资产	股权类权证、债权类权证、其他权证
资产来源	认股权证购买新股、备兑权证购买已流通股
持有权利	认购权证、认沽权证
行权时间	美式权证、欧式权证、百慕大式权证
内在价值	平价权证、价内权证、价外权证

三、可转换债券和可交换债券

★考点1. 可转换债券的特征
（1）附有转股权：转换前为公司债券、转换后为股票。
（2）双重选择权：投资者选择是否转股、发行人选择是否实施赎回条款。

[111]

★考点2. 可转换债券的发行条件

（1）最近3个会计年度。
①加权平均净资产收益率平均≥6%。
②年均可分配利润≥公司债券1年的利息。
（2）本次发行后累计公司债券余额≤最近1期期末净资产额的40%。

★★考点3. 可转换债券的要素

（1）有效期限：1~6年。
（2）转换期限：发行结束日起6个月后。
（3）付息频率：半年或1年1次，到期后5个工作日内偿还未转股债券的本金利息。
（4）转换比例：可转换债券面值÷转换价格。
（5）赎回条款：公司股票价格连续高于转换价格，公司可向发行人买回。
（6）回售条款：公司股票价格连续低于转换价格，持有人可卖给发行人。
（7）修正条款：指发行公司发行可转换债券后对转换价格所作的必要调整。

【例3·选择】可转换公司债券的回售条件一般是（　　）。（2016年）
A. 公司股价在一段时间内连续偏离转换价格
B. 公司股价在一段时间内连续在转换价格左右小幅波动
C. 公司股价在一段时间内连续低于转换价格达到一定幅度
D. 公司股价在一段时间内连续高于转换价格达到一定幅度
【答案】C
【解析】可转换公司债券的回售是指公司股票在一段时间内连续低于转换价格达到某一幅度时，可转换公司债券持有人按事先约定的价格将所持可转换债券卖给发行人的行为。

★考点4. 附权证的可分离公司债券

区别	附权证债券	可转换债券
权利载体	权证	债券
行权方式	认股后，不影响债券	转换后，债券不存在
有效期限	≠债券期限	=债券期限
权利内容	在正股除权除息时才可调整	发行条款包含可修正条款

★考点5. 可交换债券

（1）含义：指上市公司股东发行的可交换成其持有的上市公司股份的公司债券。
（2）特征：转股权力和双重选择权。
（3）期限：1~6年、自发行结束之日起12个月后方可交换。
（4）价格：交换的每股价格≥公告募集说明书日前20个和前1个交易日的均价。

考点6. 可交换债券发行条件

（1）申请人应当是符合《公司法》《证券法》规定的<u>有限责任公司</u>或者<u>股份有限公司</u>。

（2）公司组织机构<u>健全</u>，运行<u>良好</u>，内部控制制度不存在重大缺陷。

（3）公司最近一期末的净资产额不少于<u>3亿元</u>。

（4）公司最近<u>3个会计年度</u>实现的年均可分配利润不少于公司债券<u>一年</u>的利息。

（5）本次发行后累计公司债券余额不超过最近一期末净资产额的<u>40%</u>。

（6）本次发行债券的金额不超过预备用于交换的股票按募集说明书公告日前<u>20个交易日</u>均价计算的市值的<u>70%</u>，且应当将预备用于交换的股票设定为本次发行的公司债券的担保物。

（7）经资信评级机构评级，债券信用级别<u>良好</u>。

（8）<u>不存在</u>《公司债券发行试点办法》第八条规定的<u>不得</u>发行公司债券的情形。

考点7. 可交换债券与可转换债券的区别

区别	可交换债券	可转换债券
发行主体	上市公司<u>股东</u>	<u>上市公司</u>
转股股份	<u>已发行</u>的股份	将发行的<u>新股</u>
转股影响	<u>不影响</u>总股本	会<u>扩大</u>总股本

第四节 其他衍生工具简介

一、其他衍生工具

考点1. 存托凭证

（1）定义：指在一国证券市场流通的代表外国公司有价证券的<u>可转让</u>凭证。

（2）优点。

①对发行人：市场<u>容量大</u>，筹资能力强、上市手续简单，发行成本低。

②对投资者：以<u>美元</u>交易、可规避不能投资非美国上市证券的投资政策的限制。

考点2. 美国存托凭证

（1）中介机构：<u>存券</u>银行、<u>托管</u>银行和<u>中央存托</u>银行。

（2）凭证种类：<u>无担保</u>的存托凭证和<u>有担保</u>的存托凭证。

考点3. 中国存托凭证（CDR）

（1）定义：指以<u>境外</u>证券为基础在<u>中国</u>境内发行、代表<u>境外</u>基础证券权益的证券。

（2）主体：发行人、存托人和持有人。

（3）存托协议：明确存托凭证所代表的权益及各方权利义务。

（4）基础财产：<u>境外</u>基础证券及其衍生权益。

★考点4.结构化金融衍生产品的类型

划分依据	分类
联结产品	股权、利率、汇率、商品联结型产品
收益保障	收益保证型（本金保障、保证最低收益）、非收益保证型产品
发行方式	公募结构化产品、私募结构化产品
嵌入产品	基于互换的结构化产品、基于期权的结构化产品

第八章 金融风险管理

第一节 风险基础

一、风险概念

考点1. 风险的定义

（1）风险的结果的不确定性。
（2）风险是波动性或对期望值的偏离度。
（3）风险是不确定的不利因素或未来损失的可能性。
（4）不确定性对目标的影响。

★**考点2. 风险与相关概念的区别**

（1）风险与损失。
①损失是偏事后的概念，反映的是风险事件发生后的状态。
②风险是一个事前概念，反映的是损失发生前的事物发展状态。
（2）风险与不确定性。
①在风险状态下，决策者知道最终呈现的可能状态，以及相应的概率，即知道整个事件发生的概率分布，风险具有可量化的性质。
②在不确定状态下，决策者不了解事件发生的概率结果，不确定性具有不可量化的特征。
（3）风险与波动性。
①在现代金融风险分析中，风险通常被定义为风险因素的波动性，如利率风险、汇率风险和股票价格风险等都是指相应市场价格变量的波动。
②基于波动性定义下风险的双向测度是现代风险管理发展的重要基础。
（4）风险与危险。
①风险是指结果的不确定性或损失发生的可能性。
②危险是指使得损失事件更易于发生，或者一旦发生后果会更加严重的因素和环境，是导致风险增加的原因。

二、风险的分类

★★**考点1. 风险的分类**

（1）流动性风险：指无法以合理成本及时获得充足资金，以满足资金需求的风险。
（2）市场风险：指市场价格（股票/债券/商品价格、利率、汇率）变化导致的损失。
（3）信用风险：因未能履约或信用质量变化导致违约、交易对手、信用转移风险。

（4）操作风险：由内部流程不完善、人为过失、系统故障或外部因素导致的风险。

（5）声誉风险：由经营、管理或外部事件导致利益相关方对金融机构产生负面评价。

（6）系统性风险：指无法通过分散投资组合规避的风险。

三、现代风险理念

考点1. 风险与金融产品和投资

（1）任何金融产品是风险和收益的组合。

（2）风险是与收益相匹配的。

（3）投资是以风险换收益。

考点2. 风险与金融机构

（1）金融机构的本质是承担和经营风险的企业。

（2）风险管理是经融机构的核心竞争力。

第二节 金融风险管理基本框架

一、金融风险管理内涵与目标

★★★考点1. 风险管理的内涵与目标

（1）内涵：根据风险是损失可能性的定义，风险管理的内涵应该是对损失（或盈利）发生前的管理，即防止损失发生，争取盈利实现的措施。

（2）目标：风险管理的目标是创造价值，而不是减少损失或降低风险。

二、风险管理策略

★★考点1. 风险管理策略的含义

（1）含义：是指金融机构面临风险时可以选择采用的应对方法。

（2）主要包括以下几种。

①风险规避。

②风险控制。

③风险分散。

④风险对冲。

⑤风险转移。

⑥风险补偿与准备金。

三、风险管理流程

考点1. 风险管理流程

（1）风险的识别：包括感知风险和分析风险两个环节。

（2）风险的衡量：计量风险发生的概率及潜在损失的大小，评估风险严重程度，为确定风险管理对策提供依据。

（3）风险的应对：根据风险识别、计量、监控及预警等情况，针对不同类别、不同发生概率及不同损失程度的风险所采取的应对措施，主要包括风险偏好管理、风险限额、风险定价与拨备、风险缓释，以及应急计划等。

（4）风险监测、预警与报告。

①风险监测是风险管理的重要一环，是风险偏好、风险限额，以及日常风险管理得以有效实施的重要保障。

②证券公司应该建立有效的风险监测模型，通过技术化、系统化手段，对整个经营活动过程进行监测，并针对监测结果所获得的警情和警兆发布相关警示。

③证券机构应该建立健全风险报告体系，定期对公司所面临的风险状况进行检测，编制风险报告，确保各类风险信息顺畅并及时地在公司内部传递。

四、压力测试

★★考点1. 压力测试的含义和标准

（1）含义：指将整个金融机构或资产组合置于某一特定压力情景之下，然后测试该金融机构或资产组合在这些关键市场变量突变的压力下的表现状况，以考虑它们是否能经受得起这种市场的突变。

（2）标准。

①重大对外投资或收购、重大对外担保、重大固定资产投资、利润分配或其他资本性支出、证券公司分类评价结果负向调整、负债集中到期或赎回等可能导致净资本和流动性等风险控制指标发生明显不利变化或接近预警线的情形。

②确定重大业务规模和开展重大创新业务。

③确定经营计划和业务规模、确定自营投资规模限额、开展重大创新业务、承担重大包销责任等。

④预期或已经出现重大内部风险状况。

⑤自营投资大幅度亏损，政府部门行政处罚、诉讼、声誉受损等。

⑥预期或已经出现重大外部风险和政策变化事件。

⑦证券市场大幅波动，监管政策发生重大变化等。

⑧其他可能或已经出现的压力情景。

考点2. 压力测试的原则

（1）全面性原则。

（2）实践性原则。

（3）审慎性原则。

（4）前瞻性原则。

★★考点3.压力测试的流程

（1）确定测试对象，制订测试方案。
（2）选择压力测试方法，并设置测试情景。
（3）确定风险因子，收集测试数据。
（4）实施压力测试，分析报告测试结果。
（5）制定和执行应对措施。

★★考点4.压力测试的方法

（1）根据不同的压力情景。
①敏感性分析。
②情景分析。
（2）设置压力情景方法。
①历史情景法。
②假设情景法。
a.零压力情景方法。
b.预期压力情景方法。
c.预测压力情景方法。
③历史情景法和假设情景法相结合的方法。

第三节 金融风险衡量方法

一、市场风险衡量

★★★考点1.敏感性分析

（1）敏感性：是一个变量对另外一个变量发生的变化的反应程度，也就是经济学分析中的弹性。

（2）敏感性分析：是假设当风险因子变化一定程度时，金融工具价值的变化。是市场风险分析中最常用的方法之一。

★★★考点2.波动性分析

（1）波动率和方差。
①波动率：某个变量的波动率 σ 定义为这一变量在单位时间内连续复利收益率的标准差。
②方差：被定义为波动率的平方，风险管理行业常常关心方差而不是波动率。
（2）VaR。
①含义：是指在正常的市场条件和给定的置信水平下，某一投资组合在给定的持有期内可能发生的最大损失。
②建立VaR模型的两个基本要素。

a. 确定持有期限。
b. 置信水平的选择。

二、信用风险衡量

★★★ **考点1. 信用风险构成要素**

信用风险的构成要素分析以违约为中心。

（1）违约概率（PD）：指债务人合同约定的期限内不能按合同要求履行相关义务的可能性。

（2）违约损失率（LGD）：指债务人一旦违约将给债权人造成的损失数额，即损失的严重程度。

（3）违约风险暴露（EAD）：指违约发生时债权人对于违约债务的暴露头寸，是债务人违约时预期表内项目和表外项目的风险暴露总额。

（4）预期损失（EL）：又称期望损失，指事前估计到的或期望的违约损失。

预期损失率（EL）=违约损失率（LGD）×违约概率（PD）

（5）非预期损失（UL）：反映的是实际损失偏离预期损失的部分。

非预期损失=实际损失－预期损失

★★★ **考点2. 信用风险评估方法**

（1）专家系统与5Cs。

①专家系统：依赖高级信贷人员和信贷专家自身的专业知识技能和丰富的经验，运用各种专业性分析工具，在分析评价各种关键要素基础上依据主观判断来综合评定信用风险的分析系统。

②5Cs：是指品德（Character）、资本（Capital）、还款能力（Capacity）、抵押（Collateral）、经营环境（Condition）。

（2）信用打分模型：是一种传统的信用风险量化模型，用可观察到的债务人特征变量计算出一个数值（即打分）来代表债务人的违约概率或者将贷款人归类于不同的违约风险类别。应用较为广泛的模型有线性概率模型、Logit模型和线性辨别分析模型。

★★★ **考点3. 信用评级**

（1）外部评级。

①含义：是资本市场独立的专业评级机构对特定债务人的偿债能力和意愿的整体评估，主要依靠专家定性分析。

②特点。

a. 独立性和客观性强，外部评级结果的社会透明度高。

b. 评级更加全面。

c. 相对准确的评级结果。

（2）内部评级：指金融机构内部通过定量因素和定性因素的综合分析，对其自身的交易对手、债务人或交易项目自身用一个高度简化的等级符号来反映被评级对象的风险特性。

三、流动性风险衡量

★★★考点1.融资流动性风险

（1）流动性覆盖率（LCR）。

①含义：指压力情景下公司持有的优质流动性资产与未来30天的现金净流出量之比。

②公式：流动性覆盖率 = $\dfrac{优质流动性资产}{未来30天现金净流出量} \times 100\%$

（2）净稳定资金率（NSFR）。

①含义：指可用稳定资金与所需稳定资金之比。

②公式：净稳定资金率 = $\dfrac{可用稳定资金}{所需的稳定资金} \times 100\%$

★★★考点2.资产流动性风险

（1）买卖价差法：是利用市场上同一交易标的在同一时间的买入和卖出价格差来衡量其流动性风险的一种方法。买卖价差越大，代表该资产流动性越好，所面临的的流动性风险越小。

（2）冲击成本：指在交易中需要迅速且大规模地买进或卖出证券，未能按照预定价位成交从而多支付的成本。市场流动性越高，冲击成本越低；反之，流动性越低，冲击成本越大。

第二模块　模拟试卷

证券业从业人员一般从业资格考试模拟试卷
《金融市场基础知识》

本卷共分为2大题100小题，作答时间为120分钟，总分100分，60分及格。

一、单项选择题（共50题，每题1分，共50分。下列每小题的四个选项中，只有一项是最符合题意的正确答案，多选、错选或不选均不得分。）

1. 我国创业板市场于2009年10月23日在（　　）正式启动。
   A. 深圳证券交易所　　　　　B. 上海证券交易所
   C. 大连证券交易所　　　　　D. 北京证券交易所

2. 长期国债的偿还期一般为（　　）。
   A. 10年以上　　　　　　　　B. 5年以上
   C. 10年　　　　　　　　　　D. 15年以上

3. 证券发行一般包括证券创设、资金募集和证券交付三个环节。证券无纸化发行初始登记不发行实物证券，而是直接通过证券公司的证券簿记系统进行（　　）。
   A. 资金的募集和证券的登记　B. 发行初始登记
   C. 证券制作　　　　　　　　D. 证券签章

4. 我国证券基金行业的自律性组织是（　　）。
   A. 证券交易所　　　　　　　B. 中国证券投资基金业协会
   C. 中国证券业协会　　　　　D. 中国证监会

5. 对股份有限公司而言，可以避免公司经营决策权改变和分散的行为是（　　）。
   A. 发行可转换债券　　　　　B. 引入战略投资者
   C. 发行优先股　　　　　　　D. 发行普通股

6. 沪深证券交易所现行的开盘集合竞价时间为每个交易日上午（　　）。
   A. 9：15～9：25　　　　　　B. 9：00～9：30
   C. 9：10～9：25　　　　　　D. 9：25～9：30

[121]

7. 封闭式基金的存续期应在（　　）以上。
A.10年　　　　　　　　B.2年
C.15年　　　　　　　　D.5年

8. 证券公司为期货公司提供中间介绍业务（IB业务）时，可以提供（　　）服务。
A.办理期货保证金业务　　B.期货交易的结算和风险控制
C.期货交易的代理　　　　D.协助办理开户手续

9. 我国的货币市场基金通常的申购费率为（　　）。
A.0.1%　　　　　　　　B.0.15%
C.0　　　　　　　　　　D.0.05%

10. 世界上第一个股票交易所位于（　　）。
A.安特卫普　　　　　　B.伦敦
C.费城　　　　　　　　D.阿姆斯特丹

11. 银行间债券市场长期债券信用等级划分为（　　）。
A.三等九级　　　　　　B.四等六级
C.三等六级　　　　　　D.四等九级

12. 对证券投资基金从证券市场中取得的收入，（　　）企业所得税。
A.征收　　　　　　　　B.暂不征收
C.减免　　　　　　　　D.第一年免征

13. （　　）是证券市场最广泛的投资者。
A.机构投资者　　　　　B.非银行金融机构
C.个人投资者　　　　　D.证券公司

14. 我国证券投资基金反映的是一种（　　）关系。
A.信托　　　　　　　　B.担保
C.债券　　　　　　　　D.股权

15. 下列关于储蓄国债的发行方式的说法，正确的是（　　）。
A.只能采用代销方式　　B.可采用公开招标方式
C.只能采用包销方式　　D.可采用包销或代销方式

16.金融资产的持有者为了资金安全而进行资金调拨所形成的国际资金流动被称为（　　）。
A.投机性资金流动　　　　　　B.保值性资金流动
C.营利性资金流动　　　　　　D.国际间接投资

17.按照债券形态分类，无记名国债属于（　　）。
A.实物债券　　　　　　　　　B.记账式债券
C.凭证式债券　　　　　　　　D.电子式债券

18.基金一般都按照（　　）的时间间隔对基金资产进行估值。
A.固定　　　　　　　　　　　B.绝对
C.相对　　　　　　　　　　　D.变动

19.可转换公司债券是指其持有者可以在一定时期内按一定比例或价格将之转换成一定数量的另一种证券的证券，通常转化为（　　）。
A.ETF基金份额　　　　　　　B.普通股票
C.公司债券　　　　　　　　　D.优先股票

20.国债期货属于（　　）。
A.商品期货　　　　　　　　　B.股权类期货
C.利率期货　　　　　　　　　D.外汇期货

21.若法定存款准备金率为 r，原始存款为 D_0，则简单货币乘数 m 为（　　）。
A.D_0/r　　　　　　　　　　B.$1/D_0$
C.r/D_0　　　　　　　　　　D.$1/r$

22.可以参与发行人的经营决策的是（　　）。
A.债券持有人　　　　　　　　B.股票持有人
C.期权持有人　　　　　　　　D.基金持有人

23.下列关于上市开放式基金的特点，错误的是（　　）。
A.可以在交易所申购、赎回　　B.申购和赎回以现金进行
C.对申购、赎回有规模上的限制　D.可以在代销网点申购、赎回

24.下列不属于股票发行制度的是（　　）。
A.审批制　　　　　　　　　　B.核准制
C.注册制　　　　　　　　　　D.批准制

25.关于权证，以下说法错误的是（　　）。
A.权证具有期权的性质　　　　B.权证有交易的价值
C.权证持有人只有权买入股票　D.欧式权证仅可以在到期日当日行权

26.我国的混合资本债券的清偿顺序是（　　）。
A.位于一般债务之前　　　　B.位于次级债务之前
C.位于股权资本之后　　　　D.位于一般债务和次级债务之后

27.在采用证券经纪商场内交易员进行申报的情况下，场内交易员操作确定客户撤单的委托指令后，应（　　）将执行结果告知客户。
A.在当天交易时间结束前　　B.在一个工作日内
C.立即　　　　　　　　　　D.在一个交易日内

28.对于非累积优先股，如果本年度公司的盈利不足以支付全部优先股股息，对其所欠部分公司将（　　）。
A.不予累积计算　　　　　　B.通过增发股票补充
C.通过借债补充　　　　　　D.累积计算

29.下列关于商业银行次级债务的说法，错误的是（　　）。
A.次级定期债务不得与其他债权相抵销
B.商业银行次级债券可在全国银行间债券市场公开发行
C.次级债务是指由商业银行发行的，固定期限不低于五年，索偿权排在存款和其他负债之前的商业银行长期债务
D.由次级债务所形成的商业银行附属资本不得超过商业银行核心资本的50%

30.基金监管机构对基金业实行严格的监管，对各种有损于投资者利益的行为进行严厉打击，并强制基金进行及时、准确、充分的信息披露，这体现了证券投资基金的（　　）特点。
A.严格监督，信息透明　　　B.集合理财，专业管理
C.独立托管，保障安全　　　D.利益共享，风险共担

31.投资人可通过办理（　　）实现其变更办理基金业务销售渠道的需要。
A.份额转换　　　　　　　　B.非交易过户
C.变更管理人业务　　　　　D.转托管业务

32.企业年金基金财产以投资组合为单位按照公允价值计算应当符合：投资银行活期存款、中央银行票据、债券回购等流动性产品及货币市场基金的比例不低于投资组合企业年金财产净值的（　　）。
　　A.15%　　　　　　　　　　B.10%
　　C.3%　　　　　　　　　　 D.5%

33.全国中小企业股份转让系统中挂牌股票采取做市转让方式的，须有（　　）家以上从事做市业务的主办券商为其提供做市报价服务。
　　A.3　　　　　　　　　　　B.2
　　C.1　　　　　　　　　　　D.5

34.以下正确描述了货币政策一般传导过程的是（　　）。
　　A.最终目标→货币政策工具→操作目标→中介目标
　　B.操作目标→中介目标→最终目标→货币政策工具
　　C.中介目标→最终目标→货币政策工具→中介目标
　　D.货币政策工具→操作目标→中介目标→最终目标

35.下列选项中，属于交易所交易的衍生工具的是（　　）。
　　A.公司债券条款中包含的赎回条款
　　B.公司债券条款中包含的返售条款
　　C.公司债券条款中包含的转股条款
　　D.在期货交易所交易的期货合约

36.下列选项中，不属于影响股价的宏观经济与政策因素的是（　　）。
　　A.战争　　　　　　　　　　B.财政政策
　　C.经济增长　　　　　　　　D.货币政策

37.下列关于中国证券业协会的说法错误的是（　　）。
　　A.中国证券业协会采取会员制的组织形式，最高权力机构是由全体会员组成的会员大会
　　B.中国证券业协会是行业自律性组织
　　C.中国证券业协会是按有关规定设立的非营利性社会团体法人
　　D.中国证券业协会章程由会员大会制定，并报中国证监会批准

38. 目前，我国已经形成了多层次的金融中介机构体系，拥有以（　　）为主导、国有商业银行为主体，包括股份制商业银行、城市商业银行、农村商业银行、跨国银行、农村信用社在内的多层次银行机构体系；拥有以证券公司、期货公司和证券投资基金为主，以各类投资咨询中介、信托机构为辅的多元化投资中介体系；拥有人寿保险公司、财产保险公司、再保险公司以及提供多种多样保险服务的保险中介体系。

　　A.大型商业银行　　　　　B.股份制商业银行
　　C.证券公司　　　　　　　D.中央银行

39. 属于金融机构的主动负债的是（　　）。
　　A.发行债券　　　　　　　B.吸收存款
　　C.发放贷款　　　　　　　D.购入债券

40. 下列关于可转债券的表述，错误的是（　　）。
　　A.可转债券包含了普通债券的特质
　　B.可转债券可以按约定转换为普通股股票
　　C.可转债券包含了看跌期权的价值
　　D.可转债券包含了权益类证券的特征

41. 下列不属于上市公司配股的比例要求的是（　　）。
　　A.10∶2　　　　　　　　　B.10∶1.8
　　C.10∶10　　　　　　　　 D.10∶3

42. 下列关于股票性质的描述，错误的是（　　）。
　　A.股票是有价证券、要式证券
　　B.股票是证权证券、资本证券
　　C.股票是综合权利证券
　　D.股票是债权证券、物权证券

43. 下列关于金融市场分类错误的是（　　）。
　　A.按照交易的阶段划分可以分为发行市场和流通市场
　　B.按照交易活动是否在固定场所进行可以分为场内市场和场外市场
　　C.按照金融工具的具体类型划分可分为债券市场、股票市场、外汇市场、保险市场等
　　D.按照金融工具上所约定的期限长短划分可以分为现货市场和衍生品市场

44. 基金管理人在基金管理过程中产生的风险称为（　　）。
　　A.内部风险　　　　　　　B.政策风险
　　C.期权风险　　　　　　　D.基金风险

45.债券远期交易数额最小为债券面额（　　）万元，交易单位为债券面额（　　）万元。
A.10；2
B.8；1
C.10；1
D.8；2

46.投资者在开放式基金（　　）申请购买基金份额的行为通常被称为基金的申购。
A.基金账户开立后
B.资金账户开立后
C.基金合同生效后
D.招募说明书生效后

47.为了便于掌握发行进度，担任凭证式国债发行任务的各个系统一般每月要汇报本系统内的累计发行数额，上报（　　）。
A.财政部和中国人民银行
B.财政部
C.国家统计局
D.中国人民银行

48.股票市场价格的最直接影响因素是（　　），并且其他因素都是通过作用于该因素而影响股票价格。
A.宏观经济因素
B.公司经营状况
C.政治因素
D.供求关系

49.债券的必要回报率等于（　　）。
A.实际无风险收益率与预期通货膨胀率之和
B.名义无风险收益率与风险溢价之和
C.实际无风险收益率与风险溢价之和
D.名义无风险收益率与预期通货膨胀率之和

50.下列不属于国际债券的主要投资者的是（　　）。
A.自然人
B.各国政府
C.银行或其他金融机构
D.工商财团

二、组合型选择题（共50题，每题1分，共50分。下列每小题的四个选项中，只有一项是最符合题意的正确答案，多选、错选或不选均不得分。）

51.证券登记结算公司依据《证券法》履行相关职能，说法正确的是（　　）。
Ⅰ.受证券公司委托派发证券权益
Ⅱ.证券账户、结算账户的设立和管理
Ⅲ.按照有关规定为符合条件的主体办理相关业务的查询
Ⅳ.证券持有人名册登记及权益登记

A. Ⅱ、Ⅲ、Ⅳ
B. Ⅰ、Ⅱ、Ⅲ
C. Ⅰ、Ⅱ、Ⅳ
D. Ⅰ、Ⅱ、Ⅲ、Ⅳ

52. 下列有关金融期权的表述正确的是（　　）。
Ⅰ.期权的买方在支付了期权费后，就获得了期权合约所赋予的权利
Ⅱ.期权的买方可以选择行使所拥有的权利
Ⅲ.期权的卖方在收取期权费后，就承担着在规定时间内履行该期权合约的义务
Ⅳ.期权的卖方可以有条件地履行合约规定的义务
A. Ⅰ、Ⅳ
B. Ⅱ、Ⅲ、Ⅳ
C. Ⅰ、Ⅱ、Ⅲ
D. Ⅰ、Ⅱ、Ⅲ、Ⅳ

53. 下列关于债券收益率的说法，正确的有（　　）。
Ⅰ.债券当期收益率是使债券未来现金流现值等于当前价格所用的贴现率
Ⅱ.债券的到期收益率是债券的年利息收入与买入债券的实际价格的比率
Ⅲ.债券持有期收益率是买入债券到卖出债券期间所获得的年平均收益率
Ⅳ.在债券定价公式中，即期利率是用来进行现金流贴现的贴现率
A. Ⅰ、Ⅱ
B. Ⅲ、Ⅳ
C. Ⅱ、Ⅲ
D. Ⅱ、Ⅲ、Ⅳ

54. 期货价格的特点有（　　）。
Ⅰ.预期性
Ⅱ.间断性
Ⅲ.连续性
Ⅳ.权威性
A. Ⅰ、Ⅱ、Ⅲ
B. Ⅰ、Ⅲ、Ⅳ
C. Ⅲ、Ⅳ
D. Ⅰ、Ⅱ、Ⅲ、Ⅳ

55. 证券公司为期货公司提供中间介绍业务（IB业务）时，可以提供（　　）服务。
Ⅰ.办理期货保证金业务
Ⅱ.协助办理开户手续
Ⅲ.提供期货行情信息
Ⅳ.提供期货交易设施
A. Ⅰ、Ⅱ
B. Ⅱ、Ⅲ、Ⅳ
C. Ⅰ、Ⅱ、Ⅲ、Ⅳ
D. Ⅰ、Ⅲ、Ⅳ

56. 下列关于债券和股票的说法正确的有（　　）。
Ⅰ.发行债券是公司追加资金的需要，它属于公司的资本金
Ⅱ.股票风险较大，债券风险相对较小
Ⅲ.债券通常有规定的票面利率，可获得固定的利息
Ⅳ.股票持有者可以通过市场转让收回投资资金
A. Ⅲ、Ⅳ
B. Ⅱ、Ⅲ、Ⅳ
C. Ⅱ、Ⅲ
D. Ⅰ、Ⅱ、Ⅲ、Ⅳ

57.关于金融衍生工具的产生和发展,下列论述正确的有（　　）。
Ⅰ.金融衍生工具产生的最基本原因是避险
Ⅱ.20世纪80年代以来的金融自由化进一步推动了金融衍生工具的发展
Ⅲ.金融机构的利润驱动是金融衍生工具产生和迅速发展的重要原因
Ⅳ.新技术革命为金融衍生工具的产生和发展提供了物质基础与手段
A.Ⅱ、Ⅲ、Ⅳ
B.Ⅰ、Ⅲ
C.Ⅰ、Ⅱ、Ⅳ
D.Ⅰ、Ⅱ、Ⅲ、Ⅳ

58.中国人民银行行使国家中央银行的职能,包括（　　）。
Ⅰ.经理国库
Ⅱ.发布与履行其职责有关的命令和规章
Ⅲ.制定和执行货币政策
Ⅳ.监督管理黄金市场
A.Ⅱ、Ⅲ、Ⅳ
B.Ⅰ、Ⅱ、Ⅲ
C.Ⅰ、Ⅱ、Ⅲ、Ⅳ
D.Ⅰ、Ⅳ

59.证券市场的基本功能包括（　　）。
Ⅰ.筹资功能
Ⅱ.资本定价功能
Ⅲ.投资功能
Ⅳ.资本配置功能
A.Ⅰ、Ⅱ
B.Ⅱ、Ⅲ、Ⅳ
C.Ⅰ、Ⅲ、Ⅳ
D.Ⅰ、Ⅱ、Ⅲ、Ⅳ

60.依所筹资金的投向不同,下列关于股票、债券、基金的说法,正确的有（　　）。
Ⅰ.股票是直接投资工具
Ⅱ.债券是间接投资工具
Ⅲ.基金主要投向有价证券
Ⅳ.基金是间接投资工具
A.Ⅰ、Ⅲ、Ⅳ
B.Ⅱ、Ⅲ、Ⅳ
C.Ⅰ、Ⅱ、Ⅳ
D.Ⅰ、Ⅲ

61.下列各项属于保护基金公司职责的有（　　）。
Ⅰ.筹集、管理和运作基金
Ⅱ.监测证券公司风险,参与证券公司风险处置工作
Ⅲ.组织、参与被撤销、关闭或破产证券公司的清算工作
Ⅳ.管理和处分受偿资产
A.Ⅰ、Ⅱ
B.Ⅲ、Ⅳ
C.Ⅰ、Ⅱ、Ⅲ、Ⅳ
D.Ⅰ、Ⅱ、Ⅲ

62.关于机构投资者投资基金所涉及的税收,下列说法正确的是（　　）。
Ⅰ.机构投资者购入基金、信托和理财产品等各类资产管理产品持有至到期,不属于金融商品转让
Ⅱ.机构投资者买卖基金份额暂免征收印花税

Ⅲ.机构投资者在境内买卖基金份数获得的差价收入,应并入企业的应纳税所得额

Ⅳ.机构投资者从基金分配中获得的收入,暂不征收所得税

A.Ⅰ、Ⅱ、Ⅲ B.Ⅰ、Ⅱ、Ⅲ、Ⅳ
C.Ⅰ、Ⅳ D.Ⅱ、Ⅲ、Ⅳ

63.保护基金公司设立的意义有( )。

Ⅰ.可以在证券公司出现关闭时保护投资者权益

Ⅱ.有助于稳定市场,防止证券公司个案风险的传递和扩散

Ⅲ.可以推动我国其他金融业公司的快速发展

Ⅳ.有助于我国建立国际成熟市场通行的证券投资者保护机制

A.Ⅰ、Ⅱ、Ⅳ B.Ⅰ、Ⅱ、Ⅲ
C.Ⅱ、Ⅲ、Ⅳ D.Ⅰ、Ⅱ、Ⅲ、Ⅳ

64.证券经纪业务的合规风险主要是指证券公司在经纪业务中违反( )等行为。

Ⅰ.法律、行政法规 Ⅱ.监督管理规则及规范性文件

Ⅲ.行业规范和自律规则 Ⅳ.公司内部规则制度

A.Ⅰ、Ⅱ、Ⅲ B.Ⅰ、Ⅳ
C.Ⅱ、Ⅲ、Ⅳ D.Ⅰ、Ⅱ、Ⅲ、Ⅳ

65.货币政策的信用传导机制通过( )完成。

Ⅰ.银行信贷渠道 Ⅱ.企业资产负债渠道

Ⅲ.财富效应 Ⅳ.生命周期

A.Ⅰ、Ⅱ B.Ⅱ、Ⅲ
C.Ⅲ、Ⅳ D.Ⅰ、Ⅱ、Ⅲ、Ⅳ

66.公募债券的特点有( )。

Ⅰ.发行量大 Ⅱ.持有人数较多

Ⅲ.对象一般限定为合格者 Ⅳ.流动性好

A.Ⅰ、Ⅱ、Ⅳ B.Ⅰ、Ⅲ
C.Ⅰ、Ⅱ、Ⅲ、Ⅳ D.Ⅱ、Ⅲ、Ⅳ

67.债券投资的主要风险因素包括( )。

Ⅰ.信用风险 Ⅱ.结算风险

Ⅲ.汇率风险 Ⅳ.流动性风险

A.Ⅰ、Ⅱ、Ⅳ B.Ⅱ、Ⅲ
C.Ⅰ、Ⅲ、Ⅳ D.Ⅰ、Ⅱ、Ⅲ、Ⅳ

68.投资人可在( )机构按实名制原则以自己名义开立债券托管账户。

Ⅰ.中国银行
Ⅱ.上海清算所
Ⅲ.中央国债登记结算有限责任公司
Ⅳ.陆金所
A.Ⅱ、Ⅳ B.Ⅰ、Ⅲ
C.Ⅲ、Ⅳ D.Ⅱ、Ⅲ

69.关于股东的表决权,说法正确的是(　　)。
Ⅰ.股东会议由股东按照出资比例行使表决权
Ⅱ.股东的表决权不能授权其他股东行使
Ⅲ.股东委托的代理人出席股东大会会议,应当向公司提交股东授权委托书
Ⅳ.普通股票股东行使表决权是通过股东大会
A.Ⅰ、Ⅱ B.Ⅱ、Ⅲ、Ⅳ
C.Ⅲ、Ⅳ D.Ⅰ、Ⅲ、Ⅳ

70.我国金融衍生工具市场分为(　　)。
Ⅰ.银行间市场　　　　Ⅱ.银行柜台市场
Ⅲ.交易所交易市场　　Ⅳ.创业板市场
A.Ⅰ、Ⅱ、Ⅲ B.Ⅰ、Ⅳ
C.Ⅱ、Ⅲ、Ⅳ D.Ⅰ、Ⅱ、Ⅲ、Ⅳ

71.股票具有(　　)等特征。
Ⅰ.收益性　　Ⅱ.风险性
Ⅲ.流动性　　Ⅳ.永久性
A.Ⅰ、Ⅱ、Ⅲ、Ⅳ B.Ⅰ、Ⅲ、Ⅳ
C.Ⅰ、Ⅱ、Ⅲ D.Ⅱ、Ⅳ

72.报价驱动也被称为做市商市场,其特点有(　　)。
Ⅰ.证券交易价格由买方和卖方的力量直接决定
Ⅱ.证券成交价格的形成由做市商决定
Ⅲ.投资者买卖证券都以做市商为对手,与其他投资者不发生直接关系
Ⅳ.投资者买卖证券的对手是其他投资者
A.Ⅰ、Ⅱ、Ⅲ B.Ⅰ、Ⅱ、Ⅳ
C.Ⅰ、Ⅲ D.Ⅱ、Ⅲ

73.我国的外资股是指股份公司向(　　)投资者发行的股票。
Ⅰ.外国　　　　Ⅱ.香港地区
Ⅲ.澳门地区　　Ⅳ.台湾地区

A. Ⅱ、Ⅲ、Ⅳ B. Ⅰ、Ⅳ
C. Ⅰ、Ⅱ、Ⅲ D. Ⅰ、Ⅱ、Ⅲ、Ⅳ

74. 关于有面额股票和无面额股票的说法中，正确的是（　　）。
   Ⅰ.同次发行的有面额股票的每股票面金额是相等的
   Ⅱ.我国股票发行价格可以按票面金额，也可以超过票面金额或低于票面金额
   Ⅲ.无面额股票也称为比例股票
   Ⅳ.无面额股票只注明它在公司总股本中所占的比例
   A. Ⅰ、Ⅱ、Ⅲ、Ⅳ B. Ⅰ、Ⅱ、Ⅳ
   C. Ⅰ、Ⅲ、Ⅳ D. Ⅱ、Ⅳ

75. 证券委托方式有不同的形式,可以分为（　　）。
   Ⅰ.柜台委托 Ⅱ.非柜台委托
   Ⅲ.网上委托 Ⅳ.人工电话委托
   A. Ⅰ、Ⅲ B. Ⅰ、Ⅱ
   C. Ⅰ、Ⅳ D. Ⅱ、Ⅲ

76. 基金的募集一般要经过（　　）等步骤。
   Ⅰ.注册 Ⅱ.申请
   Ⅲ.基金合同生效 Ⅳ.发售
   A. Ⅰ、Ⅱ、Ⅲ、Ⅳ B. Ⅰ、Ⅱ、Ⅲ
   C. Ⅱ、Ⅳ D. Ⅱ、Ⅲ、Ⅳ

77. 创新型货币政策工具主要包括（　　）。
   Ⅰ.短期流动性调节工具 Ⅱ.常备借贷便利
   Ⅲ.中期借贷便利 Ⅳ.长期借贷便利
   A. Ⅰ、Ⅱ、Ⅳ B. Ⅱ、Ⅲ、Ⅳ
   C. Ⅰ、Ⅱ、Ⅲ D. Ⅰ、Ⅲ、Ⅳ

78. 下列关于新中国成立以来金融市场发展中一些事件的表述中，错误的有（　　）。
   Ⅰ.我国历史上曾建立的"大一统"金融体系中的"统"指的是全国实行"存贷挂钩、统存统贷"的信贷资金管理体制
   Ⅱ.1952年12月，全国统一的公私合营银行成立
   Ⅲ.中国人民银行从1985年1月1日起专门行使中央银行职能
   Ⅳ."深化金融体制改革、健全促进宏观经济稳定、支持实体经济发展的现代金融体系"是在2013年十八届三中全会（决定）提出的
   A. Ⅱ、Ⅲ B. Ⅰ、Ⅳ
   C. Ⅰ、Ⅲ、Ⅳ D. Ⅰ、Ⅲ

79.赋予股东优先认股权的主要目的包括（　　）。

Ⅰ.保证普通股票股东在股份公司中保持原有的持股比例

Ⅱ.保证股份公司能够足额认购

Ⅲ.保护原普通股票股东的利益和持股价值

Ⅳ.增加公司的注册资本

A.Ⅰ、Ⅲ B.Ⅰ、Ⅳ
C.Ⅰ、Ⅱ、Ⅲ D.Ⅱ、Ⅳ

80.机构投资者主要包括（　　）。

Ⅰ.政府机构　　　　　　Ⅱ.金融机构

Ⅲ.企业和事业法人　　　Ⅳ.各类基金

A.Ⅰ、Ⅲ、Ⅳ B.Ⅰ、Ⅱ、Ⅲ、Ⅳ
C.Ⅱ、Ⅲ、Ⅳ D.Ⅰ、Ⅱ

81.以下（　　）属于服务商在资产证券化中的主要职责。

Ⅰ.负责收取资产到期的本金和利息，将其交付予受托人

Ⅱ.定期向受托管理人和投资者提供有关特定资产组合的财务报告

Ⅲ.对过期欠账服务机构进行催收，确保资金及时、足额到位

Ⅳ.监督证券化中交易各方的行为

A.Ⅱ、Ⅲ、Ⅳ B.Ⅰ、Ⅳ
C.Ⅰ、Ⅱ、Ⅲ D.Ⅰ、Ⅱ、Ⅲ、Ⅳ

82.影响股价变动的基本因素中属于行业与部门因素的是（　　）。

Ⅰ.行业或产业竞争结构　　Ⅱ.抗外部冲击的能力

Ⅲ.经济周期循环　　　　　Ⅳ.行业估值水平

A.Ⅰ、Ⅲ B.Ⅱ、Ⅳ
C.Ⅰ、Ⅱ、Ⅳ D.Ⅱ、Ⅲ、Ⅳ

83.证券公司的主要业务包括（　　）。

Ⅰ.证券承销业务　　　　Ⅱ.证券自营业务

Ⅲ.证券资产管理业务　　Ⅳ.证券投资咨询业务

A.Ⅰ、Ⅱ B.Ⅰ、Ⅱ、Ⅲ
C.Ⅱ、Ⅲ、Ⅳ D.Ⅰ、Ⅱ、Ⅲ、Ⅳ

84.下列选项中，属于股权类产品衍生工具的是（　　）。

Ⅰ.远期外汇合约　　　　Ⅱ.股票期权

Ⅲ.股票指数期货　　　　Ⅳ.股票指数期权

A. Ⅰ、Ⅲ、Ⅳ B. Ⅰ、Ⅱ、Ⅲ、Ⅳ
C. Ⅰ、Ⅱ、Ⅲ、 D. Ⅱ、Ⅲ、Ⅳ

85. 金融市场的重要性表现在（　　）。
Ⅰ.促进储蓄—投资转化　　Ⅱ.优化资源配置
Ⅲ.反映经济状态　　Ⅳ.宏观调控
A. Ⅰ、Ⅱ、Ⅲ、Ⅳ B. Ⅱ、Ⅲ、Ⅳ
C. Ⅰ、Ⅱ、Ⅳ D. Ⅰ、Ⅱ、Ⅲ

86. 与其他债券相比，政府债券的特点是（　　）。
Ⅰ.安全性高　　Ⅱ.流通性强
Ⅲ.收益率高　　Ⅳ.享受免税待遇
A. Ⅱ、Ⅲ B. Ⅰ、Ⅱ、Ⅳ
C. Ⅰ、Ⅲ、Ⅳ D. Ⅰ、Ⅱ、Ⅳ

87. 与行政审批制相比，证券发行核准制的特点包括（　　）。
Ⅰ.由保荐机构培育、选择和推荐企业
Ⅱ.发挥发行审核委员会的独立审核功能
Ⅲ.公司发行股票的首要条件是取得指标和额度
Ⅳ.证监会逐步转向强制性信息披露和合规性审核
A. Ⅱ、Ⅳ B. Ⅰ、Ⅲ
C. Ⅰ、Ⅱ、Ⅳ D. Ⅰ、Ⅱ、Ⅲ、Ⅳ

88. 根据我国财政部《地方政府专项债券发行管理暂行办法》，地方政府专项债券是指有一定收益的公益性项目发行的、约定一定期限内以（　　）还本付息的政府债券。
Ⅰ.政府性基金　　Ⅱ.金融机构收入
Ⅲ.专项收入　　Ⅳ.中央政府收入
A. Ⅱ、Ⅳ B. Ⅱ、Ⅲ、Ⅳ
C. Ⅰ、Ⅲ D. Ⅰ、Ⅳ

89. 下列关于信用增级机构的描述，说法正确的是（　　）。
Ⅰ.信用增级机构向特定目的机构收取相应费用
Ⅱ.信用增级机构在证券违约时不承担赔偿责任
Ⅲ.信用增级可以通过内部增级和外部增级两种方式
Ⅳ.第三方信用增级机构包括政府机构、保险公司、国有企业
A. Ⅲ、Ⅳ B. Ⅱ、Ⅲ
C. Ⅰ、Ⅱ D. Ⅰ、Ⅲ

90. 风险转移可以分为（　　）。
　　Ⅰ.保险转移　　　　　　　　Ⅱ.非保险转移
　　Ⅲ.承保人转移　　　　　　　Ⅳ.担保转移
　　A.Ⅰ、Ⅱ　　　　　　　　　　B.Ⅰ、Ⅱ、Ⅲ
　　C.Ⅰ、Ⅲ、Ⅳ　　　　　　　　D.Ⅰ、Ⅱ、Ⅲ、Ⅳ

91. 国际债券的投资者主要有（　　）。
　　Ⅰ.银行　　　　　　　　　　Ⅱ.金融机构
　　Ⅲ.工商财团　　　　　　　　Ⅳ.自然人
　　A.Ⅰ、Ⅱ　　　　　　　　　　B.Ⅰ、Ⅱ、Ⅲ
　　C.Ⅰ、Ⅲ、Ⅳ　　　　　　　　D.Ⅰ、Ⅱ、Ⅲ、Ⅳ

92. 具有股权稀释效应的公司债券有（　　）。
　　Ⅰ.可转换公司债券　　　　　Ⅱ.可分离交易的可转换债券
　　Ⅲ.附认股权证公司债券　　　Ⅳ.可交换公司债券
　　A.Ⅱ、Ⅲ、Ⅳ　　　　　　　　B.Ⅰ、Ⅲ、Ⅳ
　　C.Ⅰ、Ⅱ　　　　　　　　　　D.Ⅰ、Ⅱ、Ⅲ

93. 区域性市场投资者可以是（　　）。
　　Ⅰ.具备一定条件的法人机构　Ⅱ.私募股权投资基金
　　Ⅲ.合伙企业　　　　　　　　Ⅳ.金融资产低于50万元的自然人
　　A.Ⅰ、Ⅱ、Ⅳ　　　　　　　　B.Ⅲ、Ⅳ
　　C.Ⅰ、Ⅱ、Ⅲ　　　　　　　　D.Ⅰ、Ⅱ、Ⅲ、Ⅳ

94. 不参与基金会计核算的是（　　）。
　　Ⅰ.管理费　　　　　　　　　Ⅱ.托管费
　　Ⅲ.申购费　　　　　　　　　Ⅳ.认购费
　　A.Ⅰ、Ⅱ　　　　　　　　　　B.Ⅱ、Ⅳ
　　C.Ⅲ、Ⅳ　　　　　　　　　　D.Ⅰ、Ⅱ、Ⅲ

95. 下列关于债券按付息方式分类中，说法正确的是（　　）。
　　Ⅰ.零息债券是指存续期间有利息支付，到期时支付本金和最后一期利息
　　Ⅱ.附息债券又可分为固定利率债券和浮动利率债券两大类
　　Ⅲ.可以根据合约条款推迟支付定期利率的息票累积债券被称为缓息债券
　　Ⅳ.息票累积债券规定了票面利率
　　A.Ⅰ、Ⅱ、Ⅲ　　　　　　　　B.Ⅱ、Ⅲ、Ⅳ
　　C.Ⅰ、Ⅱ、Ⅳ　　　　　　　　D.Ⅱ、Ⅳ

96.中小企业板块设计要点在于（　　）。
　Ⅰ.避免因发行上市标准变化带来风险
　Ⅱ.扩大行业覆盖范围
　Ⅲ.避免直接建立创业板市场初始规模过小带来风险
　Ⅳ.逐步推进制度创新，为建设创业板积累经验
　A.Ⅰ、Ⅱ、Ⅳ　　　　　　　B.Ⅰ、Ⅱ、Ⅲ、Ⅳ
　C.Ⅱ、Ⅲ　　　　　　　　　D.Ⅰ、Ⅲ、Ⅳ

97.1995年以来，美国金融机构大量发行次级按揭贷款的原因有（　　）。
　Ⅰ.贷款不良率上升　　　　　Ⅱ.房地产价格持续上涨
　Ⅲ.贷款利率相对较低　　　　Ⅳ.杠杆率高
　A.Ⅱ、Ⅲ　　　　　　　　　B.Ⅰ、Ⅲ、Ⅳ
　C.Ⅰ、Ⅱ、Ⅲ、Ⅳ　　　　　D.Ⅰ、Ⅱ、Ⅳ

98.国际上重要的股票价格指数期货包括（　　）。
　Ⅰ.芝加哥商业交易所的标准普尔股票价格指数期货系列
　Ⅱ.纽约期货交易所的纽约证券交易所综合指数期货系列
　Ⅲ.芝加哥期货交易所的道·琼斯指数期货系列
　Ⅳ.伦敦国际金融期权期货交易的富时100种股票价格指数期货系列
　A.Ⅲ、Ⅳ　　　　　　　　　B.Ⅰ、Ⅱ、Ⅲ
　C.Ⅰ、Ⅱ、Ⅲ、Ⅳ　　　　　D.Ⅰ、Ⅱ、Ⅳ

99.证券交易所的主要职能包括（　　）。
　Ⅰ.提供证券交易的场所和设施、管理和公布市场信息
　Ⅱ.制定证券交易所的业务规则
　Ⅲ.接受上市申请、安排证券上市
　Ⅳ.组织、监督证券交易，并对会员、上市公司进行监管
　A.Ⅰ、Ⅱ、Ⅲ、Ⅳ　　　　　B.Ⅰ、Ⅲ、Ⅳ
　C.Ⅱ、Ⅳ　　　　　　　　　D.Ⅰ、Ⅱ、Ⅲ

100.下列关于风险管理相关的各项说法，错误的有（　　）。
　Ⅰ.风险管理的目标应该是将风险减至零或可承受范围
　Ⅱ.风险管理应以最小成本争取获得最大安全保证
　Ⅲ.良好的风险管理有助于绝对提高经济主体本身的附加价值
　Ⅳ.良好的风险管理有助于降低决策错误概率
　A.Ⅰ、Ⅲ　　　　　　　　　B.Ⅰ、Ⅱ、Ⅲ
　C.Ⅲ、Ⅳ　　　　　　　　　D.Ⅰ、Ⅱ、Ⅳ

答案解析

一、单项选择题

1. 【答案】A

【解析】经国务院同意、中国证监会批准，我国创业板市场于2009年10月23日在深圳证券交易所正式启动。

2. 【答案】A

【解析】长期国债是指偿还期限在10年以上的国债。长期国债由于期限长，政府短期内无偿还的负担，而且可以较长时间占用国债认购者的资金，所以常被用作政府投资的资金来源。长期国债在资本市场上有着重要地位。

3. 【答案】A

【解析】证券发行一般包括证券创设、资金募集和证券交付三个环节。证券无纸化发行初始登记不发行实物证券，而是直接通过证券公司的证券簿记系统进行资金的募集和证券的登记。

4. 【答案】B

【解析】中国证券投资基金业协会是我国基金行业的自律性组织。

5. 【答案】C

【解析】一般来讲，优先股股东对公司日常经营管理事务没有表决权，这样可以避免公司经营决策权的改变和分散。

6. 【答案】A

【解析】沪深证券交易所规定，采用竞价交易方式的，每个交易日的9：15～9：25为开盘集合竞价时间，9：30～11：30、13：00～14：57为连续竞价时间，14：57～15：00为收盘集合竞价时间。

7. 【答案】D

【解析】封闭式基金有固定的存续期，通常在5年以上，一般为10年或者15年，经持有人大会通过并经监管机构同意可以适当延长期限。

8. 【答案】D

【解析】证券公司受期货公司委托从事中间介绍业务，应当提供的服务包括：协助办理开户手续；提供期货行情信息、交易设施；中国证监会规定的其他服务。

9.【答案】C

【解析】我国的货币市场基金，通常申购和赎回费为0。一般是从基金财产中计提不高于0.25%的销售服务费，用于基金的持续销售和为基金份额持有人提供服务。故本题选C选项。

10.【答案】D

【解析】1602年，荷兰东印度公司在阿姆斯特丹创建了世界上最早的证券交易所——阿姆斯特丹证券交易所。

11.【答案】A

【解析】银行间债券市场中长期债券信用评级等级划分为三等九级，符号表示为AAA、AA、A、BBB、BB、B、CCC、CC、C。

12.【答案】B

【解析】对证券投资基金从证券市场中取得的收入，包括买卖股票、债券的差价收入，股权的股息、红利收入，债券的利息收入及其他收入，暂不征收企业所得税。

13.【答案】C

【解析】根据投资者身份，可以将证券投资者分为机构投资者和个人投资者，前者主要包括政府机构类投资者、金融机构类投资者、合格境外机构投资者（QFII）、合格境内机构投资者（QDII）、企业和事业法人类机构投资者以及基金类投资者。个人投资者是证券市场最广泛的投资者。

14.【答案】A

【解析】基金是指通过向投资者募集资金，形成独立基金财产，由专业投资基金进行基金投资和管理，由基金托管人进行资产托管，由基金投资人共享投资收益、共担投资风险的一种集合投资方式。因此基金反映的是信托关系，但公司型基金除外。故本题选择A选项。

15.【答案】D

【解析】根据《财政部关于印发〈2018—2020年储蓄国债发行额度管理办法〉的通知》，储蓄国债的发行采用承购包销的方式。储蓄国债（凭证式）发行额度按照代销额度比例分配方式分配给承销团成员。因此本题说法正确的是储蓄国债的发行方式可采用包销或代销方式。

16.【答案】B

【解析】保值性资金流动又被称为避险性资金流动或资本外逃，它是指金融资产的持有者为了资金安全而进行资金调拨所形成的短期资金流动。

17. 【答案】A

【解析】无记名国债就属于这种实物债券,它以实物券的形式记录债权、面值等,不记名,不挂失,可上市流通。实物债券是一般意义上的债券,很多国家通过法律或者法规对实物债券的格式予以明确规定。

18. 【答案】A

【解析】基金一般都按照固定的时间间隔对基金资产进行估值,通常相关法规会规定一个最小的估值频率。

19. 【答案】B

【解析】可转换公司债券是指其持有者可以在一定时期内按一定比例或价格将之转换成一定数量的另一种证券的证券,通常是转化为普通股票。

20. 【答案】C

【解析】以国债期货为主的债券期货是各主要交易所最重要的利率期货品种。

21. 【答案】D

【解析】若法定准备金率为 r,原始存款为 D_0,所有商业银行存款增加额之和为 D_1,则:$D_1 = D_0 + D_0(1-r) + D_0(1-r)^2 + \cdots + D_0(1-r)^n = D_0 \times 1/r$。$D_0$ 和 D_1 之间存在乘数关系,即为货币乘数。若以 m 代表货币乘数,则简单货币乘数公式为 $1/r$。

22. 【答案】B

【解析】债券是一种债权债务凭证,作为债权人即债券的购买方拥有到期收回本息的权利,除此之外,不能参与公司运营决策。因此A选项错误。股票是股份有限公司签发的证明股东所持股份的证明,持有者享有股东的基本权利和义务,可参与公司的重大决策。期权是提前支付一定费用,约定在未来买卖某样东西的权力,到期履约即可,不参与经营决策。因此C选项错误。基金是通过向投资者募资,由专业投资基金进行运作和管理的投资工具,基金持有人享有的是收益分配的权力,同样不参与运营决策。因此D选项错误。

23. 【答案】C

【解析】申购和赎回均以现金进行,对申购和赎回没有规模上的限制,可以在交易所申购、赎回,也可以在代销网点进行。

24. 【答案】D

【解析】股票发行制度主要有三种:审批制、核准制、注册制。

[139]

25.【答案】C

【解析】按照权证持有人行权的时间不同，可以将权证分为美式权证、欧式权证、百慕大式权证等类别。美式权证可以在权证到期日之前任何交易日行权；欧式权证仅可以在到期日当日行权；百慕大式权证则可在到期日之前一段规定时间内行权。

按照持有人权利的性质不同，权证分为认购权证和认沽权证。前者实质上属看涨期权，其持有人有权按规定价格购买基础资产；后者属看跌期权，其持有人有权按规定价格卖出基础资产。

26.【答案】D

【解析】我国的混合资本债券是指商业银行为补充附属资本发行的、清偿顺序位于股权资本之前但列在一般债务和次级债务之后、期限在15年以上、发行之日起10年内不可赎回的债券。

27.【答案】C

【解析】在委托未成交之前，客户变更或撤销委托，在采用证券经纪商场内交易员进行申报的情况下，证券经纪商营业部业务员须即刻通知场内交易员，经场内交易员操作确认后，立即将执行结果告知客户。

28.【答案】A

【解析】非累积优先股则是指公司不足以支付优先股的全部股息时，对所欠股息部分，优先股股东不能要求公司在以后年度补发。

29.【答案】C

【解析】根据原中国银监会于2003年发布的《关于将次级定期债务计入附属资本的通知》，次级债务是指由银行发行的，固定期限不低于5年（含），除非银行倒闭或清算，不用于弥补银行日常经营损失，且该项债务的索偿权排在存款和其他负债之后的商业银行长期债务。

次级定期债务的募集方式为商业银行向目标债权人定向募集，目标债权人为企业法人。

商业银行不得向目标债权人指派，不得在对外营销中使用"储蓄"字样。次级定期债务不得与其他债权相抵销；原则上不得转让、提前赎回。特殊情况，由商业银行报原中国银监会审批。商业银行应当对次级定期债务进行必要的披露。

30.【答案】A

【解析】为切实保护基金投资者的利益，增强投资者对基金投资的信心，各国（地区）的基金监管机构都对证券投资基金实行严格监管，并强制基金进行信息披露。

31.【答案】D

【解析】投资人可通过办理转托管业务，实现其变更办理基金业务销售渠道（或网点）的需要。

32.【答案】D

【解析】企业年金基金财产投资银行活期存款、中央银行票据、债券回购等流动性产品以及货币市场基金的比例，不得低于投资组合企业年金基金财产净值的5%。

33.【答案】B

【解析】挂牌股票采取协议转让方式的，全国股份转让系统公司同时提供集合竞价转让安排；挂牌股票采取做市转让方式的，须有两家以上从事做市业务的主板券商为其提供做市报价服务。

34.【答案】D

【解析】货币政策的传导机制，是指中央银行以货币政策手段，使用货币政策工具，来调整和影响经济中的相关经济变量，并通过一定渠道实现既定的经济目标的过程与作用机理。货币政策的传导机制的一般过程是：货币政策工具→操作目标→中介目标→最终目标，也就是中央银行通过货币政策工具的运作，影响商业银行等金融机构的活动，进而影响货币供应量，最终影响宏观经济指标。

35.【答案】D

【解析】交易所交易的衍生工具是指在有组织的交易所上市交易的衍生工具，例如在股票交易所交易的股票期权产品，在期货交易所和专门的期权交易所交易的各类期货合约、期权合约等。

36.【答案】A

【解析】影响股价的宏观经济与政策因素包括以下8个。（1）经济增长；（2）经济周期循环；（3）货币政策；（4）财政政策；（5）市场利率；（6）通货膨胀；（7）汇率变化；（8）国际收支状况。

37.【答案】D

【解析】中国证券业协会是证券业的自律性组织，是社会团体法人。中国证券业协会正式成立于1991年8月28日，是依据《中华人民共和国证券法》和《社会团体登记管理条例》的有关规定设立的具有独立法人地位的、由经营证券业务的金融机构自愿组成的行业性自律组织，是非营利性社会团体法人。它的设立是为了加强证券业之间的联系、协调、合作和自我控制，以利于证券市场的健康发展。中国证券业协会采取会员制的组织形式，证券公司应当加入中国证券业协会。中国证券业协会的权力机构为全体会员组成的会员大会。中国证券业协会章程由会员大会制定，并报中国证监会备案。

38.【答案】D

【解析】目前，我国已经形成了多层次的金融中介机构体系，拥有以中央银行为主导、国有商业银行为主体，包括股份制商业银行、城市商业银行、农村商业银行、跨国银行、农村信用社在内的多层次银行机构体系；拥有以证券公司、期货公司和证券投资基金为主，以各类投资咨询中介、信托机构为辅的多元化投资中介体系；拥有人寿保险公司、财产保险公司、再保险公司以及提供多种多样保险服务的保险中介体系。

39.【答案】A

【解析】对于金融机构来说，吸收存款和发行债券都是它的资金来源，构成了它的负债。存款的主动权在存款户，金融机构只能通过提供服务条件来吸引存款，而不能完全控制存款，是被动负债；而发行债券则是金融机构的主动负债，金融机构有更大的主动权和灵活性。

40.【答案】C

【解析】可转换债券通常是转换成普通股票，当股票价格上涨时，可转换债券的持有人行使转换权比较有利。因此，可转换债券实质上嵌入了普通股票的看涨期权，正是从这个意义上，我们将其列为期权类衍生产品。

41.【答案】C

【解析】向原股东配股，除符合一般规定外，还应当符合拟配股数量不超过本次配股前股本总额的30%的规定。

42.【答案】D

【解析】股票不属于物权证券，也不属于债权证券，而是一种综合权利证券。物权证券是指证券持有者对公司的财产有直接支配处理权的证券；债权证券是指证券持有者为公司债权人的证券。股票持有者作为股份公司的股东，享有独立的股东权利。换言之，当公司股东将出资交给公司后，股东对其出资财产的所有权就转化为股东权（股权）了。股东权是一种综合权利，股东依法享有资产收益、重大决策、选择管理者等权利。股东虽然是公司财产的所有人，享有种种权利，但对于公司的财产不能直接支配处理，而对财产的直接支配处理是物权证券的特征，所以股票不是物权证券。另外，一旦投资者购买了公司股票，即成为公司部分财产的所有人，但该所有人在性质上是公司内部的构成分子，而不是与公司对立的债权人，所以股票也不是债权证券。

43.【答案】D

【解析】按照金融工具的期限长短，金融市场可划分为货币市场和资本市场，按交割方式分为现货市场和衍生品市场。

44.【答案】A

【解析】内部风险主要来自基金管理人方面的风险，是指基金管理人在管理过程之中产生的风险，内部风险多属于非系统性风险，通过针对性的措施，可以得到有效控制。除此之外，市场风险、政策风险等系统性风险和信用风险、经营风险等非系统性风险属于外部风险。C选项和D选项则是按照投资工具的不同所分，与题意不符。故本题选择A选项。

45.【答案】C

【解析】债券远期交易数额最小为债券面额10万元，交易单位为债券面额1万元。

46.【答案】C

【解析】投资者在开放式基金合同生效后申请购买基金份额的行为通常被称为基金的申购。开放式基金的赎回是指基金份额持有人要求基金管理人购回其所持有的开放式基金份额的行为。开放式基金的申购和赎回与认购一样，可以通过基金管理人的直销中心与基金销售代理人的代销网点办理。

47.【答案】A

【解析】凭证式国债是一种不可上市流通的储蓄型债券，由具备凭证式国债承销团资格的机构承销。财政部和中国人民银行一般每年确定一次凭证式国债承销团资格，各类商业银行、邮政储蓄银行均有资格申请加入凭证式国债承销团。

48.【答案】D

【解析】股票的市场价格一般是指股票在二级市场上交易的价格。股票的市场价格由股票的价值决定，但同时受许多其他因素的影响。其中，供求关系是最直接的影响因素，其他因素都是通过作用于供求关系而影响股票价格的。

49.【答案】B

【解析】风险溢价根据各种债券的风险大小而定，是投资者因承担投资风险而获得的补偿。债券投资的主要风险因素包括违约风险（信用风险）、流动性风险、汇率风险等。投资学中，通常把前两项之和称为名义无风险收益率，一般用相同期限零息国债的到期收益率［被称为即期利率（Spot Rates）或零利率（Zero Rates）］来近似表示。

50.【答案】B

【解析】国际债券是指一国借款人在国际证券市场上以外国货币为面值、向外国投资者发行的债券。国际债券的发行人主要是各国政府、政府所属机构、银行或其他金融机构、工商企业及一些国际组织等。国际债券的投资者主要是银行或其他金融机构、各种基金会、工商财团和自然人。

二、组合型选择题

51.【答案】 A

【解析】证券登记结算机构应履行下列职能。(1)证券账户、结算账户的设立;(2)证券的存管和过户;(3)证券持有人名册登记及权益登记;(4)证券交易所上市证券交易的清算和交收;(5)受发行人的委托派发证券权益;(6)办理与上述业务有关的查询;(7)国务院证券监督管理机构批准的其他业务。

52.【答案】 C

【解析】期权的买方以支付一定数量的期权费为代价而拥有了这种权利,但不承担必须买进或卖出的义务;期权的卖方则在收取了一定数量的期权费后,在一定期限内必须无条件服从买方的选择并履行成交时的允诺。

53.【答案】 B

【解析】债券的当期收益率是债券的年利息收入与买入债券的实际价格的比率,Ⅰ错误;债券的到期收益率是使债券未来现金流现值等于当前价格所用的相同的贴现率,Ⅱ错误。持有期收益率是指买入债券到卖出债券期间所获得的年平均收益率。在债券定价公式中,即期利率是用来进行现金流贴现的贴现率。故答案选B。

54.【答案】 B

【解析】期货价格具有预期性、连续性和权威性的特点,能够比较准确地反映出未来商品价格的变动趋势。

55.【答案】 B

【解析】证券公司申请介绍业务,应当提供的服务包括:协助办理开户手续、提供期货行情信息、交易设施、中国证监会提供的其他服务。

56.【答案】 B

【解析】Ⅰ错误,发行债券是公司追加资金的需要,它属于公司的负债,不是资本金。Ⅱ正确,股票风险较大,债券风险相对较小。这是因为:第一,债券利息是公司的固定支出,属于费用范围;股票的股息红利是公司利润的一部分,公司有盈利才能支付,而且支付顺序列在债券利息支付和纳税之后。第二,倘若公司破产,清理资产有余额偿还时,债券偿付在前,股票偿付在后。第三,在二级市场上,债券因其利率固定、期限固定,市场价格也较稳定;而股票无固定期限和利率,受各种宏观因素和微观因素的影响,市场价格波动频繁,涨跌幅度较大。Ⅲ正确,债券通常有规定的票面利率,可获得固定的利息。股票的股息红利不固定,一般视公司经营情况而定。Ⅳ正确,债券一般有规定的偿还期,期满时债务人必须按时归还本金,因此,债券是一种有期证券。股票通常是无须偿还的,一旦投资入股,股东便不能从股份有限公司抽回本金,因此股票是一种无期证券,或被称为永久证券。但是,股票持有者可以通过市场转让收回投资资金。

57.【答案】D

【解析】金融衍生工具的发展动因有以下几个。(1)金融衍生工具产生的最基本的原因是避险;(2)20世纪80年代以来的金融自由化进一步推动了金融衍生工具的发展;(3)金融机构的利润驱动是金融衍生工具产生和迅速发展的又一重要原因;(4)新技术革命为金融衍生工具的产生与发展提供了物质基础与手段。

58.【答案】C

【解析】中国人民银行是我国的中央银行,也是国务院组成部门之一,主要负责制定和执行货币政策,维护金融稳定,同时承担一定的金融服务职能。其职责包括:(1)发布与履行其职责有关的命令和规章;(2)依法制定和执行货币政策;(3)发行人民币,管理人民币流通;(4)监督管理银行间同业拆借市场和银行间债券市场;(5)实施外汇管理,监督管理银行间外汇市场;(6)监督管理黄金市场;(7)持有、管理、经营国家外汇储备、黄金储备;(8)经理国库;(9)维护支付、清算系统的正常运行;(10)指导、部署金融业反洗钱工作,负责反洗钱的资金监测;(11)负责金融业的统计、调查、分析和预测;(12)作为国家的中央银行,从事有关的国际金融活动;(13)国务院规定的其他职责。

59.【答案】D

【解析】证券市场的基本功能包括筹资—投资功能、资本定价功能和资本配置功能。

60.【答案】A

【解析】股票和债券是直接投资工具,筹集的资金主要投向实业,而基金是间接投资工具,筹集的资金主要投向有价证券等金融工具。

61.【答案】C

【解析】按照《证券投资者保护基金管理办法》,证券投资者保护基金公司履行以下职责。(1)筹集、管理和运作基金。(2)监测证券公司风险,参与证券公司风险处置工作。(3)证券公司被撤销、关闭和破产或被证监会采取行政接管、托管经营等强制性监管措施时,按照国家有关政策规定对债权人予以偿付。(4)组织、参与被撤销、关闭或破产证券公司的清算工作。(5)管理和处分受偿资产,维护基金权益。(6)发现证券公司经营管理中出现可能危及投资者利益和证券市场安全的重大风险时,向中国证监会提出监管、处置建议;对证券公司运营中存在的风险隐患会同有关部门建立纠正机制。(7)国务院批准的其他职责。

62.【答案】B

【解析】(1)机构投资者买卖基金份额属于金融商品转让,应按照卖出价扣除买入价后的余额为销售额计征增值税。但机构投资者购入基金、信托、理财产品等各类资产管理产品持有至到期,不属于金融商品转让。(2)机构投资者买卖基金份额暂免征收印花税。（3）机构投资者在境内买卖基金份额获得的差价收入，应并入企业的应纳税所得额，征收企业所得税。机构投资者从基金分配中获得的收入，暂不征收所得税。

63.【答案】A

【解析】国家设立保护基金制度是投资者保护体系的一个重要组成部分。其意义在于：（1）可以在证券公司出现关闭、破产等重大风险时依据国家政策用于保护投资者权益，通过简捷的渠道快速地对投资者特别是中小投资者予以保护；（2）有助于稳定市场，防止证券公司个案风险的传递和扩散；（3）是对现有的国家行政监管部门、证券业协会和证券交易所等行业自律组织、市场中介机构等组成的全方位、多层次监管体系的一个重要补充，在监测证券公司风险、推动证券公司积极稳妥地解决遗留问题和处置证券公司风险方面亦发挥着重要作用；（4）为我国建立国际成熟市场通行的证券投资者保护机制搭建了平台，为我国资本市场制度建设向国际化靠拢提供了契机。

64.【答案】D

【解析】四个选项都正确。证券经纪业务的合规风险主要是指证券公司在经纪业务活动中违反法律、刑法和监管部门规章及规范性文件、行业规范和自律规则、公司内部规章制度、行业公认并普遍遵守的职业道德和行为准则等行为，可能使证券公司受到法律制裁、被采取监管措施、遭受财产损失或声誉损失的风险。

65.【答案】A

【解析】信用传导机制。伯南克提出了银行借贷渠道和资产负债渠道两种信用传导机制，并得出货币政策传递过程中即使利率没发生变化，也会通过信用途径来影响国民经济总量的结论。

66.【答案】A

【解析】公募债券是指发行人向不特定的社会公众投资者公开发行的债券。公募债券的发行量大，持有人数众多，可以在公开的证券市场上市交易，流动性好。

67.【答案】C

【解析】债券投资的主要风险因素包括违约风险（信用风险）、流动性风险、汇率风险等。

68.【答案】D

【解析】中华人民共和国境内的商业银行及授权分行、信托投资公司、企业集团财务公司、金融租赁公司、农村信用社、城市信用社、证券公司、基金管理公司及其管理的各类基金、保险公司、外资金融机构以及经金融监管当局批准可投资于债券资产的其他金融机构均可在中央国债登记结算有限责任公司（中央结算公司）、银行间市场清算所股份有限公司（上海清算所）和中国证券登记结算有限责任公司（中国结算公司）按实名制原则以自己名义开立债券托管账户。

69.【答案】D

【解析】Ⅱ项说法错误,股东可以委托代理人出席股东大会会议,代理人应当向公司提交股东授权委托书,并在授权范围内行使表决权。

70.【答案】A

【解析】我国金融衍生工具市场分为交易所交易市场、场外交易市场,其中交易所交易市场包括银行间与银行柜台衍生工具市场、证券公司机构间与证券公司柜台衍生工具市场两大部分。创业板市场是股票交易的二板市场,是根据交易股票的所属公司经营状况不同所做的分类,因此排除Ⅳ选项。

71.【答案】A

【解析】股票作为证明股东所持有公司股份的凭证。具有以下特征:收益性、风险性、流动性、永久性和参与性。

72.【答案】D

【解析】报价驱动的特点有:第一,证券成交价格的形成由做市商决定;第二,投资者买卖证券都以做市商为对手,与其他投资者不发生直接关系。

73.【答案】D

【解析】外资股是指股份公司向外国和我国香港、澳门、台湾地区投资者发行的股票。

74.【答案】C

【解析】股票的票面价值又被称为面值,即在股票票面上标明的金额。该种股票被称为有面额股票。股票的票面价值在初次发行时有一定的参考意义。如果以面值作为发行价,被称为平价发行,此时公司发行股票募集的资金等于股本的总和,也等于面值总和。发行价格高于面值被称为溢价发行,募集的资金中等于面值总和的部分计入资本账户,以超过股票票面金额的发行价格发行股份所得的溢价款列为公司资本公积金。随着时间的推移,公司的净资产会发生变化,股票面值与每股净资产逐渐背离,与股票的投资价值之间也没有必然的联系。尽管如此,票面价值代表了每一份股份占总股份的比例,在确定股东权益时仍有一定的意义。我国《公司法》规定,股票发行价格可以按票面金额,也可以超过票面金额,但不得低于票面金额。因此Ⅱ项说法错误。

75.【答案】B

【解析】证券委托可以分为柜台委托和非柜台委托两大类。第一,柜台委托。柜台委托是指委托人亲自或由其代理人到证券营业部交易柜台,根据委托程序和必需的证件采用书面方式表达委托意向,由本人填写委托单并签章的形式。第二,非柜台委托。非柜台委托主要有人工电话委托或传真委托、自助和电话自动委托、网上委托等形式。

76.【答案】A

【解析】基金的募集一般要经过申请、注册、发售、基金合同生效四个步骤。

77.【答案】C

【解析】创新型货币政策工具主要包括短期流动性调节工具（SLO）、常备借贷便利（SLF）、抵押补充贷款（PSL）、中期借贷便利（MLF）以及临时流动性便利（TLF）等。

78.【答案】C

【解析】Ⅰ选项错误，我国实行中国人民银行统揽一切金融活动的"大一统"的金融体系。"大"是指中国人民银行分支机构覆盖全国；"一"是指中国人民银行是该时期唯一的银行，它集中央银行和商业银行双重职能于一身，集现金中心、结算中心和信贷中心于一体；"统"是指全国实行"统存统贷"的信贷资金管理体制。Ⅱ选项正确，1952年12月，全国统一的公私合营银行成立，后并入中国人民银行体系。Ⅲ选项错误，1984年1月1日，中国人民银行开始专门行使中央银行职能，负责对银行业、证券业、保险业、信托业实行集中统一监管。Ⅳ选项错误，2012年党的十八大报告提出"深化金融体制改革，健全促进宏观经济稳定、支持实体经济发展的现代金融体系"。

79.【答案】A

【解析】赋予股东优先认股权有两个主要目的：一是能保证普通股票股东在股份公司中保持原有的持股比例；二是能保护原普通股票股东的利益和持股价值。

80.【答案】B

【解析】目前我国机构投资者主要包括政府机构、金融机构、企业和事业法人及各类基金等。

81.【答案】C

【解析】服务商对资产项目及其所产生的现金流进行监理和保管；负责收取这些资产到期的本金和利息，将其交付予受托人；对过期欠账服务机构进行催收，确保资金及时、足额到位；定期向受托管理人和投资者提供有关特定资产组合的财务报告。选项Ⅳ，监督证券化中交易各方的行为，定期审查有关资产组合情况的信息，确认服务机构提供的各种报告的真实性，并向投资者披露，是受托人在资产证券化中的主要职责。

82.【答案】C

【解析】影响股价变动的基本因素包括：（1）公司经营状况；（2）行业与部门因素（行业或产业竞争结构、抗外部冲击的能力、行业估值水平）；（3）宏观经济与政策因素。

83.【答案】D

【解析】证券公司的主要业务包括证券经纪业务，证券投资咨询业务，与证券交易、证券投资活动有关的财务顾问业务，证券承销与保荐业务，证券自营业务，证券资产管理业务，融资融券业务，证券公司中间介绍业务，私募投资基金业务和另类投资业务等。

84.【答案】D

【解析】股权类产品的衍生工具是指以股票或股票指数为基础工具的金融衍生工具，主要包括股票期货、股票期权、股票指数期货、股票指数期权以及上述合约的混合交易合约。

85.【答案】A

【解析】金融市场的重要性表现在：促进储蓄—投资转化；优化资源配置；反映经济状态；宏观调控。

86.【答案】D

【解析】国债由财政部代表中央政府发行，以中央财政收入作为偿债保障，其主要目的是解决由政府投资的公共设施或重点建设项目的资金需要和弥补国家财政赤字，其特征是安全性高、流动性强、收益稳定、享受免税待遇。

87.【答案】C

【解析】核准制与行政审批制相比，具有以下特点。（1）在选择和推荐企业方面，由保荐机构培育、选择和推荐企业，增强了保荐机构的责任；（2）在企业发行股票的规模上，由企业根据资本运营的需要进行选择，以适应企业按市场规律持续成长的需要；（3）在发行审核上，发行审核将逐步转向强制性信息披露和合规性审核，发挥发行审核委员会（发审委）的独立审核功能；（4）在股票发行定价上，由主承销商向机构投资者进行询价，充分反映投资者的需求，使发行定价真正反映公司股票的内在价值和投资风险。

88.【答案】C

【解析】根据财政部《地方政府专项债券发行管理暂行办法》，地方政府专项债券是指省、自治区、直辖市政府（含经省级政府批准自办债券发行的计划单列市政府）为有一定收益的公益性项目发行的、约定一定期限内以公益性项目对应的政府性基金或专项收入还本付息的政府债券。

89.【答案】D

【解析】此类机构负责提升证券化产品的信用等级，为此要向特定目的机构收取相应费用，并在证券违约时承担赔偿责任。信用增级可以通过内部增级和外部增级两种方式，对应这两种方式，信用增级机构分别是发起人和独立的第三方。第三方信用增级机构包括政府机构、保险公司、金融担保公司、金融机构、大型企业的财务公司等。

90.【答案】A

【解析】投资者通过购买某种金融产品或采取某些合法的手段将风险转嫁给愿意和有能力承接的主体，被称为风险转移。风险转移可分为保险转移和非保险转移。

91.【答案】D

【解析】国际债券的投资者主要是银行或其他金融机构、各种基金会、工商财团和自然人。

92.【答案】D

【解析】Ⅰ、Ⅲ项正确，由于可转换债券（也称附认股权证公司债）持有者可以通过转换使自己成为普通股股东，认股权证持有者可以按预定的价格购买普通股，其行为的选择有可能造成公司普通股增加，使每股收益变小。通常称这种情况为股权稀释，即由于普通股股份的增加，使得每股收益有所减少的现象称为股权的稀释。Ⅱ项正确，可分离交易的可转换债券全称是"认股权和债券分离交易的可转换公司债券"，是可转换债券的一种，因此也具有股权稀释效应。Ⅳ项错误，可交换公司债券交换的是已发行的股票，因此不具有股权稀释效应。因此，Ⅰ、Ⅱ、Ⅲ项符合题意，故本题选D选项。

93.【答案】C

【解析】区域性股权市场实行合格投资者制度。合格投资者应是依法设立且具备一定条件的法人机构、合伙企业，金融机构依法管理的投资性计划，以及具备较强风险承受能力且金融资产不低于50万元的自然人。不得通过拆分、代持等方式变相突破合格投资者标准或单只私募证券持有人数量上限。鼓励支持区域性股权市场采取措施，吸引所在省级行政区域内的合格投资者参与。

94.【答案】C

【解析】在基金运作过程中涉及的费用可以分为两大类。一类是基金销售过程中发生的由基金投资者承担的费用，主要包括申购费（认购费）、赎回费及基金转换费等；另一类是基金管理过程中发生的费用，主要包括基金管理费、基金托管费、持有人大会费用、信息披露费等，这些费用由基金资产承担。上述两大类费用的性质是不同的。第一类费用并不参与基金的会计核算，第二类费用则需要直接从基金资产中列支，其种类及计提标准需在基金合同及基金招募说明书中明确规定。根据有关规定，下列与基金有关的费用可以从基金财产中列支：基金管理人的管理费、基金托管人的托管费、基金合同生效后的会计师费和律师费、基金份额持有人大会费用、基金的证券交易费用、按照国家有关规定和基金合同规定可以在基金财产中列支的其他费用。

95.【答案】D

【解析】零息债券。零息债券也被称为零息票债券，指债券合约未规定利息支付的债券。通常，这类债券以低于面值的价格发行和交易，债券持有人实际上是以买卖（到期赎回）价差的方式取得债券利息。附息债券。附息债券的合约中明确规定，在债券存续期内，对持有人定期支付利息（通常每半年或每年支付一次）。按照计息方式的不同，这类债券还可细分为固定利率债券和浮动利率债券两大类。有些附息债券可以根据合约条款推迟支付定期利率，故被称为缓息债券。息票累积债券，与附息债券相似，这类债券也规定了票面利率，但是，债券持有人必须在债券到期时一次性获得本息，存续期间没有利息支付。

96.【答案】B

【解析】中小企业板块的设计要点主要有四个方面。第一，暂不降低发行上市标准，而是在主板市场发行上市标准的框架下设立中小企业板块，这样可以避免因发行上市标准变化带来的风险；第二，在考虑上市企业的成长性和科技含量的同时，尽可能扩大行业覆盖面，以增强上市公司行业结构的互补性；第三，在现有主板市场内设立中小企业板块，可以依托主板市场形成初始规模，避免直接建立创业板市场初始规模过小带来的风险；第四，在主板市场的制度框架内实行相对独立运行，目的在于有针对性地解决市场监管的特殊性问题，逐步推进制度创新，从而为建立创业板市场积累经验。

97.【答案】A

【解析】1995年以来，由于美国房地产价格持续上涨，同时贷款利率相对较低，导致金融机构大量发行次级按揭贷款。到2007年年初，这类贷款大约为1.2万亿美元，占全部按揭贷款的14%左右。

98.【答案】C

【解析】国际上重要的股票价格指数期货有：芝加哥商业交易所的标准普尔股票价格指数期货系列、纽约期货交易所的纽约证券交易所综合指数期货系列、芝加哥期货交易所的道·琼斯指数期货系列、伦敦国际金融期权期货交易的富时100种股票价格指数期货系列、新加坡期货交易所的日经225指数期货、中国香港交易所的恒生指数期货。

注：新加坡国际金融交易所（SIMEX）首开先河，于1986年推出了日本的日经225指数期货交易，并获得成功。而日本国内在两年以后才由大阪证券交易所（OSE）推出日经225股指期货交易。

99.【答案】A

【解析】证券交易所的职能包括以下内容。（1）提供证券交易的场所、设施和服务；（2）制定和修改证券交易所的业务规则；（3）审核、安排证券上市交易，决定证券暂停上市、恢复上市、终止上市和重新上市；（4）提供非公开发行证券转让服务；（5）组织和监督证券交易；（6）对会员进行监管；（7）对证券上市交易公司及相关信息披露义务人进行监管；（8）对证券服务机构为证券上市、交易等提供服务的行为进行监管；（9）管理和公布市场信息；（10）开展投资者教育和保护；（11）法律、行政法规规定的以及中国证监会许可、授予或者委托的其他职能。

100.【答案】A

【解析】注意审题，题目问的错误的有。风险管理是指经济主体针对持有或准备持有的风险资产将其风险减至最低或可承受范围的管理过程（不是降至零，Ⅰ错误），通过对风险的识别、计量和评估，选择最有效的方式，主动地、有目的地、有计划地处理风险，以最小成本争取获得最大安全保证的管理方法。良好的风险管理有助于降低决策错误概率，避免损失发生，以相对提高经济主体本身的附加价值（不是绝对提高，Ⅲ错误）。